결국 다 좋아서 하는 거잖아요

일러두기
- 본문 가운데 일부는 말맛을 위해 맞춤법을 따르지 않았습니다.
- 본문 속 외래어 표기는 국립국어원 외래어 표기법에 준했으나, 일부는 현지 발음이나 통용표기를 따랐습니다.
- 본문에 등장하는 책들은 국내에 출간된 적이 없는 경우 원어 제목과 출간연도를 함께 표기해두었습니다.
- 본문에서 도서는 『』, 개별 작품은 「」, 간행물은 《》, 영화·드라마·TV 프로그램·그림·노래는 〈〉로 표기했습니다.

결국 다 좋아서 하는 거잖아요

유일한 한국어 책방 이곳은 도쿄의

김승복 에세이

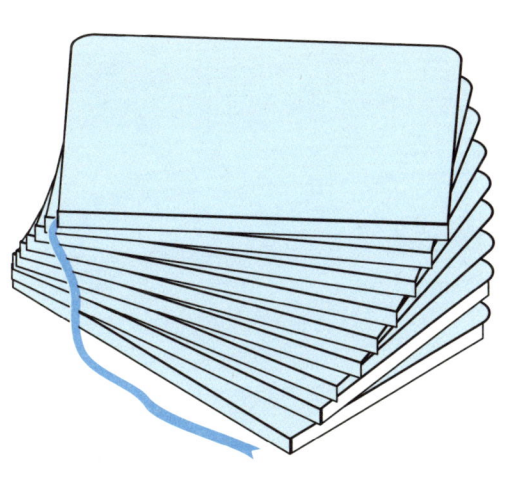

도쿄 진보초는 책을 사랑하는 사람들의 메카다. 그 거리 한쪽에 '책거리'라는 이름의, 한국 책 전문서점이 있다. 지금은 그런가 하며 심드렁하게 지나칠지 모르겠지만 내가 처음 진보초에 갔을 때는 상상조차 못한 일이다.

그 서점을 만든 이가 김승복씨다. 그가 상상조차 못한 일을 현실로 만든 건 책거리만이 아니다. 쿠온 출판사를 만들어 동시대 한국소설을 일본 서점의 서가에 꽂게 한 일도, 박경리의 『토지』 일본어판을 완간한 일도 그 이전에는 쉽게 상상할 수 없는 일이었다.

그중에서도 가장 상상하기 어려웠던 건 지금의 김승복씨 자체가 아닐까? 지금까지 언덕을 오르느라 힘들었겠지만, 덕분에 우리는 더 멀리까지 보게 됐다. 책거리 10주년이라는 봉우리에서 새로운 꿈을 꾸고 있을 김승복씨의 삶을 응원한다.

_김연수〔소설가〕

김승복 대표님을 두고 '토네이도'라고 부른 적이 있다. 어마어마한 힘으로 사람들을 휘말리게 하기 때문이다. 나는 10년 넘게 휩쓸리고 또 휩쓸리며, 불가능을 가능으로 바꾸는 대표님께 탄복해왔다. 그게 될리가, 싶은 일이 '김승복 매직'에 매료된 수십수백 명의 분투로 어느새 정말 이루어져 있다. 대표님이 말을 거신다는 건, 뭔가 어마어마한 일을 도모하고 있다는 뜻이어서 매번 즐겁고 두렵다. 한일 출판계 최초, 최강의 가교인 김승복 대표님이 어떻게 믿기지 않는 걸음걸음을 옮겨왔는지 이 책에 아주 자세히 담겨 있다. 사람과 책에 대한 이 아득한 사랑이 다음엔 또 어느 방향을 향할까?

_정세랑〔소설가〕

프롤로그 ● 책거리에 어서오세요 10

1부 이곳은 일본의 유일무이 책거리

잇세이도서점의 아저씨들 18

책 욕심 23

한국어 학습자들의 인플루언서 31

시스템을 찾아서 39

아즈마씨의 독서 편력 47

알라딘의 지니 52

장삿속과 계단 58

책을 읽는 사람은 아름답다, 책을 사는 사람은 더 아름답다 62

바리스타의 힘을 빌리다 68

책방의 적 73

책거리 점장들 77

일본의 배송서비스 84

우리의 VIP 89

2부 | 좋아하는 | 마음으로

신세계로 96

축제를 열자! 100

책이 연결해주는 것 108

우리는 모두 참을 수 있다 114

든든한 보물 118

이런 오빠들이 있습니다 122

넘고 넘어, 또 책 126

"그럼요, 할게요"가 만들어내는 세계 131

유쾌한 유우키씨 139

계속 일을 벌이는 이유 144

3부 책을 펼치다

쿠온의 기념비적인 책을 만들다 150

가라타니 고진 155

사람을 움직이는 이야기 160

횃불 같은 사람 167

소설가 김석범 선생 171

초록은 동색 176

나의 하타노 세쓰코 선생 182

10년 프로젝트의 시작 188

장정가 가쓰라가와 준씨 194

다시 통영으로 198

문학이 상기시키는 질문 203

| 4부 | 책방이라는 | 세계 |

모두의 보금자리 210

좋아하는 것을 바로 하기 214

요조가 무엇인가요? 218

애도의 시간 223

공룡과 함께 걷는 법 228

책방과 러브레터 235

책방이 책방만으로 남지 않도록 243

책방지기로 사는 제2의 인생 248

큰 그림을 그리는 현화씨 253

에필로그 ● 책거리는 잘 있습니다 258

프롤로그

책거리에 어서 오세요

우리 책방이 있는 곳은 도쿄의 진보초라는 동네다. 고서점 150여 곳이 모여 있는, 그야말로 책의 거리다. 에도 시대 때부터 교육기관이 자리한 동네로, 근대에 들어서면서 여러 대학들이 생겨났으며 자연스럽게 책방이 들어서기 시작했고 점차 주변에 출판사들도 생겨났다. 그래서 어디를 가도 100년 넘은 책방이며 출판사들이 즐비한 곳이다. 옆집 잇세이도서점一誠堂書店은 무려 120년이 넘었다. 우리는 이 동네에서 이제 10년 차 생일을 맞는다.

이 책은 책방 책거리를 운영하면서 만난 사람들을 중심으로 엮었다. 실은 책거리 '7'주년인 2022년 '7'월 '7'일에 '77'명의 손님 이야기로 소책자를 만들어보려고, 아무에게도 말하지 않고 혼자서 진행한 프로젝트였다. 리스트를 추린 후 그날그날의 컨디션에 맞춰 쓰고 싶은 사람을 골라, 2022년 1월부터 매일 아침 출근하기 전에 한 사람씩 쓰기 시작했다. 그 사람이 했던 말, 몸짓, 표정들을 과거로부터 다시 끄집어내는 시간이었다. 책방을 처음 차릴 때의 기억은 지금도 선명하다. 누군가를 기억한다는 게 이렇게 기쁜 일인가. 쓰는 것이 신났다. 오늘은 누구를 불러볼까, 이렇게 서른 명 정도를 썼을 때였다.

어느 날 새벽, 갑자기 배가 아파왔다. 장을 쑤시는 아픔이었다. 앉아도, 서도, 누워도 통증은 가시지 않고 더 강하게 다가왔다. 고통이라는 거대한 파도가 내 몸을 덮치는 느낌이었다. 식은땀을 흘리며 옆집에 간신히 SOS를 쳤다. 옆집의 오하시씨가 바로 구급차를 불러주었고 나는 그대로 정신을 잃었다. 눈을 떠보니 병원 응급실이었다. 바로 CT를 찍고 입원하게 되었다. 그리고 자궁 안에 악성종양이, 제법 큰 종양이 있다는 검사 결과를 들었다. 부인과 단독수술로는 어렵고 외과, 대장항문외과 등 연계수술을 해야 한단다. 종양이 계속 커지고 있다는 말도 함께였다. 금식은 물론, 물도 마시면 안 되어서 링거만 맞으며 9일이 지났다. 몸은 긴 시간 먹는 것에 길들어 있어 뭐라도 씹어 삼키고 싶은 충동이 맹렬했다. 이렇게 며칠 동안 아무것도 먹지 않고도 살 수 있을까. 수술하려면 몸이 씩씩해야 할 텐데. 링거 성분 덕분인지 입원해 있는 동안은 통증이 없어서 책을 읽었다. 병원에서 읽으라고 출판사 헤이본샤平凡社의 시모나카 미토 사장이 책을 손에 들려주었다. 책도 읽고, 병원 복도를 산책 삼아 몇 바퀴씩 돌면서 점점 병원 생활에 익숙해졌다.

열흘째 되는 날, 담당의가 배 속 종양이 너무 크고 그 위로 두꺼운 혈관까지 지나고 있어 수술이 어렵다는 판정을 내렸다.

"수술을 하지 않고 종양을 제거할 수는 있나요?"

"제거할 수 없습니다. 그냥 이대로 지낼 수밖에 없어요. 길면 6개월. 짧게는 3개월 살 수 있어요."

믿을 수 없는 이야기였지만 사실이라고 못박힐 뿐이었다. 그리고 담당의가 바뀌었다. 인자한 표정을 한 육십대 호스피스과 여의사였다.

"김상, 무슨 이야기든 물어보고 싶은 게 있으면 물어보세요."

"물어보고 싶은 것보다…… 지금 너무 추워요."

병원이야 늘 같은 온도였을 터인데 나는 한동안 추위에 떨어야 했다. 그녀는 내 어깨에 따뜻하게 데운 가운을 걸쳐주었다. 그리고 남은 시간을 어떻게 보내는 것이 좋을지 이야기하자고 덧붙였다. 죽음이란 것이 이렇게 갑자기 와도 되는지, 올 수 있는 것인지 전혀 몰랐다.

그로부터 4년이 흘렀다. 이것저것 탈이 많았으나 다행히 한국과 일본의 많은 친구들, 여러 신들의 도움으로 나는 죽음으로부터 벗어나 컴퓨터 속에 있던 '오늘의 손님'들을 다시 꺼낼 수 있게 되었다. 여전히 누군가를 기억에서 꺼내보는 것은 기쁜 일이고 신나는 일이다.

소설가 신경숙 선배, 시인 이병률 선배, 달 출판사의 변규미씨가 이 책을 내는 데 용기와 도움을 주었다. 감사 인사를 전한다.

2025년 7월

김승복

대략적인 컨셉 구상도

チェッコリ CHEKCCORI
BOOK STORE & CAFE

책거리(チェッコリ)는 한국에서 '무언가를 다 배운 후 자축하는 파티'를 뜻함.

한국의 문학이나 문화를 막걸리나 차와 함께 즐기는 새롭고 편안한 공간.

책

막걸리

위치를 생각해보자면 하라주쿠. 하라주쿠는 오늘날 여러 외국문화가 모여드는 장소로 가치가 재평가되는 곳이니까.

카라나 소녀시대 같은 K-POP뿐 아니라 보다 깊은 한국문화가 모여 있다.

너무 과하지 않게,
크게 '한국'을 전면에 내세우지 않고
일상에서 자연스럽게
한국의 다양한 디테일을
체험할 수 있다.

책을 사거나 읽거나,
구경하는 즐거움이 있고.

잡화를
모아두기도 하고,
인기 있는
문구용품도 있고.

음료를 마시며 유유자적.

'책거리'라는 이름으로 한국어 책 전문 책방을 열 것이라는 나의 이야기를 듣고 소설 『채식주의자』의 일본어판 표지를 만들어준 디자이너 요리후지 분페이씨가 그려준 그림이다. 책거리는 이 그림에서 시작되어 지금까지 온 셈이다.

『채식주의자』를 출간하고 얼마 안 된 상태에서 책방 이미지를 구상하던 중에 받은 걸작이라, 그림 안에는 깨알같이 『채식주의자』 일본어판 표지 그림도 함께 그려져 있다.

1부

책거리
유일무이 일본의
이곳은

잇세이도서점의 아저씨들

책거리 오픈일은 2015년 7월 7일. 점포를 얻어 실내 공사를 그해 5월 말부터 시작하였다. 책장이나 카페용 테이블은 한국에서 직접 제작해서 조립만 하면 되었지만 주방을 새롭게 내고 조명을 설치하는 일, 무엇보다 입구에서부터 동선에 맞춰 어떤 책을 배열할 것인가를 결정하는 데 시간이 많이 걸렸다. 물론 책장을 설계할 때부터 어느 책장에 무슨 책을 배열할지는 염두에 두었지만 실제로 책들을 꽂아보니 왠지 어색하고 안정적이지 않았다. 책을 꽂았다 뺐다 하며 처음부터 다시 작업해야 했다. 좁은 공간이다보니 어떤 책을 들여놓았는가 하는 큐레이션도 중요하지만 어떤 순서로 책을 배열하는가도 중요했다. 손님이 원하는 책을 찾은 후 그 옆에 있는 책들에게도 눈길이 가도록 만들 궁리가 필요한데, 정답이 따로 없는 일이라 감각에 의존해 동작을 반복해야 하니 육체적으로 힘들지만 정신적으로도 쉬 지쳤다.

　우선 책방 문을 열고 들어서면 곧바로 내가 운영하는 쿠온CUON 출판사에서 만든 책이 보이게 하고, 그다음 한국에서 들어온 책들을 표지가 보이게 꽂아두었다. 반대편에는 그림책을, 역시 표지가 보이게 진열했다. 본격적으로 책장이 시작되는 곳에는 한국어 원서와 일본어판을 나란히 두었다. 그 부분 책장은 아랫단을 넓게 만들어 그곳에 문구와 잡화를 놓았다. (책방을 오픈하고 나서야 그 선택이 잘못되었다는 걸 알았다. 손님들이 책장보다 그곳에 머무는 시간이 더 길었다.) 다음 책장에는 인문, 역사서, 소설, 에세이, 시집, 일러스트에세이를, 그다음에는 만화, 그림책, 전집류, 사진집, 영화, 미술, 음악 관련 서적, 한국어 학습서, 마지막으로 번역에 관한 서적 순서가 되도록 코너를 꾸몄다. 이렇게 되기까지 수도 없는 시행착오가 있었다. 책방이 오픈하기 전이라 스태프들이 없는 상태에서 나 홀로 분투가 매일같이 이어졌다.

그날도 한밤이 될 때까지 혼자서 작업하고는 책방 안쪽의 출판 업무를 보는 곳에서 잠시 쉬고 있었다. 창문을 활짝 열자 초여름의 비릿한 바람 냄새가 훅 들어왔다. 그리고 갑자기 "곤방와" 하는 말소리가 들려왔다. 책거리는 3층이고 창문 밖으로 맞은편 건물이 꽤 가깝게 붙어 있긴 하지만 거기는 창이 없는 옥상 공간인데……. 밤 10시가 넘어선 시간. '곤방와'라는 저녁 인사는 시간상 맞는 인사지만 설마 사람이 있을 거라고는 상상도 하지 못하였기에 공포심이 확 들었다. 놀란 모습이 상대에게도 보였는지 그는 '놀라게 해서 미안하다'는 말과 함께 "잇세이도서점의 사카이입니다"라고 인사해왔다.

잇세이도서점은 책거리의 바로 옆 건물에 자리한 고서점이다. 진보초에서 보기 드문 석조건물로 양서와 화서(和書)를 같이 취급하는 서점이다. 개업한 지 120년이 넘어 진보초 고서점가를 빛내는 곳이기도 하다. 돌기둥이 웅장해서 그 앞을 지날 때면 괜스레 위축되곤 했는데, 그 잇세이도의 사카이씨라니. 사카이씨는 잇세이도서점의 3대째 주인으로 진보초 근처인 오차노미즈 쪽에 살아서 종종 늦게까지 남아 서점 일을 한다고 말했다. 초창기에는 지방에서 올라온 직원들끼리 같은 건물에서 숙식하면서 일하기도 했단다.

잇세이도서점의 기역 자 건물은 서점과 창고로 나뉘는데, 우리 책방 안쪽에서 보이는 것이 창고 부분의 옥상이었고 그곳은 알고 보니 사카이씨의 정원이었다. 그는 그곳에서 각종 식물들을 가꾸고 있었는데, 낮에 다시 보니 키가 큰 벤자민나무며 고무나무의 잎들이 햇살을 받아 검게 빛나고 있었고 심지어 토마토도 긴 화분 가득 줄지어 심어져 있었다. 그는 옥상으로 나와 낮에는 긴 호스로 식물들에게 물을 주었고 밤에는 담배를 피웠다. 처음 인사를 나눈 뒤부터는 무서워하지 않고 틈틈이 내가 먼저 인사를 건네기도 했다.

어느 날 햇볕이 좋은 오후였다. 역시 창문을 열고 일하는데 사카이씨가 옥상에서 나를 불렀다.

"김상, 블루베리가 잘 익었어요. 나눠줄게요!"

그러면서 블루베리를 내 손에 쥐여주었다. 손을 뻗으면

닿는 거리에 이런 멋진 이웃이 있다니. 손을 뻗으면 닿는 거리, 비유가 아니라 실제다.

  참고로 일본의 가게는 사장과 마스터가 나뉜 곳이 있다. 마스터가 곧 사장인 경우가 많지만 매니저나 점장 같은 직원인 경우도 있다. 잇세이도서점은 후자도, 미스터는 마키타씨다. 매일 아침 책방 앞에 서서 지나가는 사람들에게 활짝 웃는 얼굴로 인사해주신다. 진보초에 처음 왔을 때 이분이 사장인 줄 알았는데 직원으로 50년 넘게 일하는 중이라고 하셨다. 책거리를 못 찾고 헤매는 손님들은 어김없이 잇세이도서점의 인상 좋은 마키타씨에게 위치를 묻고, 이 사람 좋은 아저씨는 군소리 없이 책거리를 안내해주신다. 책거리 웹사이트도 체크하시는지 우리가 최근 무슨 이벤트를 열었고 어느 매체와 인터뷰를 했는지도 다 꿰고 계신다. 아침 인사 나누면서 아는 척해주시는 이 아저씨가 실은 항상 고맙다. 책거리가 잘 굴러가는 것에는 이 잇세이도서점 아저씨들의 도움도 빼놓을 수 없다.

책
욕
심

　책거리는 3500여 권의 한국어 원서와 일본어로 쓰인 500여 권의 한국 관련 서적을 판매하고 있다. 책장은 공간에 맞춰 오리지널로 제작했다. 맨 아랫단은 재고를 넣어두는 곳으로 손님들에게 노출되지 않도록 문을 달았다. 좋아하는 문고리 스타일이 명확해서 공방에 문고리 샘플을 보내기도 했다. 또한 한국의 책들은 사이즈가 다양하기 때문에 책장 높이를 조절할 수 있도록 신경썼다. 운영 초기에는 20평 가운데 15평은 책방으로, 5평은 사무실로 써야 해서 공간을 분리할 거대한 책장을 한가운데에 두었다. 다만 안쪽에 있어도 손님이 들어오는 기척을 알아차리고 싶어, 그 책장의 중앙을 뚫고 창호지를 발라 창문처럼 만들었다.

이런 궁리들은 정말 시간 가는 줄 모르게 즐겁다. 노트에 어설프게나마 그림을 그려가면서 어떤 분위기의 책방을 만들 것인가, 심지어는 오픈 1주년, 2주년, 3주년 기념은 어떻게 할 것인가까지 꼼꼼히 적기도 했다. 그런데 정작 아주 중요한 것을 놓쳤다.

책방이라면 당연히 상품인 신간의 구매 예산이 확보되어 있어야 한다. 구비하고 있는 책장에 책이 대략 몇 권이나 들어가는지를 파악하고, 그에 넘치지도 모자라지도 않는 사입仕入량을 계산해두는 것이 필수다. 책거리는 자체 책장을 짰기 때문에 신간 예산을 3000만 원으로 대강만 산정해두고, 책장이 만들어지면 책을 꽂아넣으면서 정확한 책의 사입량을 내기로 했다. 분명 그러기로 생각했는데……. 자잘한 데 정신이 팔려 정작 책장이 다 만들어졌는데도 들어갈 권수를 조정하지 않은 채 다른 일들을 순조롭게 착착 진행시키고 말았다. 책의 주문량, 그러니까 상품을 2500권만 겨우 마련한 것을 누구도 인지하지 못한 채 오픈을 맞이하게 된 것이다.

그 사실을 알아챈 것은 오픈일이 얼마 남지 않은 시점이었다. 책거리를 그 누구보다도 응원해주신 다테노 아키라 선생님께 진행 상황을 말씀드리다 "그래, 책은 몇 권이나 들어가요?"라는 질문을 받았다. 그제야 책장의 체적을 재보고, 내 취향으로 짜 맞춘 이 책장들에 책이 약 4000여 권이나 들어갈 수 있다는, 아니 들여야 한다는 것을 깨달았다. 주문해서 들어오는 책은 2500권. 책장이 반이나 비어 있게 생겼다. 이 헛똑똑이를 어쩌누. 물론 급하게 주문을 넣으면 되겠지만 문제는 이미 오픈 준비 후반에 들어선 시점이라 자금이 부족했다. 서둘러 방법을 찾아야 했다. 텅 빈 책장으로 기념비적인 첫 손님들을 맞이하기는 정말 싫었다.

책, 어딘가에 책이 없을까, 손님에게 팔아도 되지만 내가 돈 주고 사오지 않을 책……. 머리를 싸매며 궁리하다 보니 희미하게나마 길이 보였다. 책이라면 우리집에 가득히 쌓여 있다. 바로 내가 읽은 책들! 그 책들은 내 책이니 마음껏 쓸 수 있는 '팔 수 있는 책'이었다. 황당한 일도 이름을 붙이면 콘셉트가 된다. 이 경우 이름하여 '점주가 읽은 책을 중고로 판매합니다' 코너! 집으로 돌아가 곧장 책장을 정리했다. 반나절 넘게 바닥에 주저앉아 팔 수 있을 책, 팔아도 되는 책, 간직하고 싶은 책을 골라냈더니 책거리에 가져갈 책이 500여 권 정도 나왔다. 모르는 사람이 보면 '500권이나 나왔어?' 할 일일지 모르나 현 시점에서는 '500권밖에' 안 되는 일이었다. 헛똑똑이는 결국 다테노 선생님에게 하소연했다. "선생님, 혹시 증정해주실 책이 없으실까요……." 선생님께서는 흔쾌히 당신의 책도 기증하겠다고 말씀해주셨다. 다테노 선생님의 체크가 없었다면, 선생님의 책을 중고로 함께 비치해두지 않았다면, 책거리는 시작부터 책장이 헐렁한 채로 손님을 맞이했을 것이다.

다테노 아키라 선생님은 도쿄도청 직원이던 1968년부터 한국을 드나들었다. 내가 태어나기도 전이다. 선생님은 정년퇴직 후에도 그때 맺은 인연으로 한국의 출판계 인사들과 교분을 나누었고, 지금까지 일본의 출판 정보를 한국에 알리고 한국의 출판 정보를 일본에 소개하는 한일 출판계의 다리 역할을 하고 계신다. 시오노 나나미의 인문서 『로마인 이야기』를 번역출판하길 원했던 한길사 출판사의 김언호 사장을 데리고 시오노 작가를 만나러 이탈리아까지 찾아간 일은 전설 같은 이야기다. (그렇게 출간된 『로마인 이야기』는 한국에서도 100만 부 이상 팔린 베스트셀러가 되었다.) 나는 지금도 한국으로 출장 일정을 잡을 때 꼭 다테노 선생님과 일정을 맞춘다. 그를 따라나서면 한국의 출판사 대표들과 쉽게 어울릴 수 있는 이점이 있기 때문이다.

선생님은 이제는 폐간된 《출판 뉴스》에 30년 넘게 한국 출판계에 대해 투고하셨다. 일본의 많은 출판인들이 선생님 덕을 보았을 것이다. 선생님은 본인이 직접 번역도 하시고 한국문화에 대한 책도 쓰셨으며, 『그때 그 일본인들』이라는 책을 무려 한국어로 펴내기까지 했다. 말 그대로 책의 세계에 풍덩 빠져 사신 분이다. 청년 시절의 본업이 출판이 아니었던 것이 놀라울 정도다.

다시 헛똑똑이 이야기로 돌아가자. 다테노 선생님께서 기꺼이 책을 내어주겠다고 해주신 덕분에, 나는 처음으로 선생님 댁을 찾았다. 선생님 자택은 3층짜리 양옥집이었는데, 1층에는 서재와 서고가 있고, 2층은 거실, 3층이 침실이었다. 연세가 제법 되시는데도 현관에서 가장 먼저 맞이하는 1층이 서고와 서재라니 참 선생님다운 구조였다. 서고는 벽 사면이 다 책장으로 채워져 있었고 방 한가운데에도 책장이 있었다. 곳곳에 한국어 책과 일본어 책이 가득했다. 특이하게도 중국 연변의 조선족들이 펴낸 책들도 상당히 많았는데, 대련에서 어린 시절을 보내서 중국어가 능통하고 조선족들과도 친분이 있는 덕이라 하셨다.

선생님은 서고에서 가져가고 싶은 책을 자유롭게 고르라고 하셨고, 나는 눈을 반짝이며 또다시 반나절 넘게 책을 골랐다. 책을 펼쳐 목차를 보고 머리말을 읽으면서 '아, 선생님은 어떤 마음으로 이 책을 사셨을까' 상상해봤다. 누군가가 읽은 책, 소유하고 있는 책에는 그에 대한 조각이 숨겨져 있다. '책 안에 개인사가 담겨 있다'고 말하는 앤 패디먼의 『서재 결혼 시키기』가 바로 떠올랐다. 어떤 책에는 서울의 전철표가 들어 있기도 했고 어떤 책에는 연금통지서가 끼워져 있기도 했다(상당한 금액에 놀랐다). 한국 책에는 연필로 일본어 번역을 해놓은 페이지들이 더러 있었다. 그 책에 대한 신문 서평을 오려서 넣어둔 책들도 많았다.

 오랜 시간을 들여 가져갈 책들을 다 고르고 선생님이 계신 서재로 갔더니, 아이고 웬걸, 서재에는 더 많은 책들이 있는 것이 아닌가! 인문서, 역사서 중심의 책들로 비교적 최근 도서가 많았다.

 "선생님, 여기 있는 책들도 가져가고 싶어요."
 "그건 아직은 안 됩니다."
 서재의 책들은 당신이 죽으면 가져가라는 초강수를 놓으셨다. 욕심이 났지만 어쩔 수 없었다. 반나절 동안 내가 서고에서 골라놓은 책들이 참으로 시시하게 보였다. 조금은 차분해진 마음으로, 아까 신나게 골라놓았던 책들을 다 챙기지 않고 한번 더 냉정하게 선별해 포장하기 시작했다. 불과 한 시간 전만 해도 책거리 책장에 놓을 자리를 상상하며 기쁘게 고른 책들인데, 마음이란 게 참 간사하다.

 지금 와서 생각하면 책장에 책등이 보이게 꽂지 않고, 횡으로 두어 표지를 보여주며 공간을 채울 수 있었을 텐데, 그때는 요령이 없어서 그 방법을 몰랐다. 하지만 몰라서 다행이었다. 선생님의 책들이 책거리에 와준 덕에 책거리 세계관이 아주 넓어졌으니까. 선생님께 진심으로 감사드린다. 그렇지만 지금도 선생님 서재의 책들이 눈에 선하다. 언젠가 선생님의 그 빛나는 장서 목록을 책거리에서 실현시킬 수 있기를

아이고, 선생님의 책이 우리 책방에 온다는 것은……
아서라, 김승복, 지금 무슨 생각을 하는 게냐!

한국어 학습자들의 인플루언서

 드라마 〈겨울연가〉가 2003년 일본에서 큰 흥행을 거두며, 그 파장은 일본 내 한국어 학습자의 증가로 이어졌다. 한국어 교실들이 여기저기 생겨났고, 중고등학교와 대학교에서 제2외국어로 한국어 강좌를 채택하는 곳이 늘었다. 자연스럽게 다양한 한국어 학습서도 줄지어 발행되었다. 일본 유일의 한국어 서점인 책거리의 학습서 코너는 어떠한가. 우리의 한국어 학습서 코너야말로 문학 다음으로 책의 종수가 풍부한 곳이다. 각종 출판사에서 내놓은 학습서를 (과장을 조금 보태자면) 총망라해두었기에 지금도 학습서 코너는 손님들에게 큰 사랑을 받고 있다.

한국의 학습서들이 필기와 가독성을 위해 큼직한 판형을 택하는 반면, 일본의 학습서는 휴대가 간편하도록 B6 사이즈(128×182mm)가 주를 이룬다. 사실상 정형인 덕분에 책거리가 마련해둔 학습서 코너는 책장 높이를 조절하지 않아도 된다. 그에 비해 한국어 원서들은 같은 분야라도 저마다 판형을 특색 있게 잡기 때문에 선반 높이를 조절해 책을 꽂는다. 특히 그림책들은 어찌나 다양한지 규정 책장에 들어가지 못하는 책들이 참으로 많다.

그런데 일본에서 낸 학습서인데도 다른 책들보다 훨씬 키가 커서 선반을 조절해야 할 책이 있었다. 바로 『신 챌린지! 한국어 新・チャレンジ! 韓国語』다. 개구리 두 마리가 표지에 들어 있는 책이다. 이 한 권만 키가 커서 어쩌나, 아이고 난감하군. 책장 앞에 서서 페이지를 하나하나 넘겨 보았다. 한국어에 입문하는 이들에게 용기를 주면서 계속 공부하도록 도와주는 재미난 책이었다. 이 책을 책장에 꽂기를 포기하고 표지가 잘 보이도록 북엔드에 세워놓았다. 다만 표지가 손님 눈에만 띄는 게 아니었던지라, 한

국어 학습자들이 책을 추천해달라고 하면 일부러 이 책을 추천하곤 하였다. 이 책의 공저자 가운데 한 명은 한국인이었다. '김순옥'이라는 이름과의 첫 만남이었다. 나중에 알고 보니 김순옥 선생님은 NHK 방송국의 TV와 라디오 프로그램에서 한국어를 가르치는 아주 유명한 강사였다.

그러던 어느 날 김순옥 선생님이 거짓말처럼 책거리를 방문하셨다. 선생님은 플레어스커트를 입고 근사한 베레모를 쓰고 오셨는데, 키가 크고 목이 아주 길어 모딜리아니의 그림 〈검은 타이를 맨 여인〉이 바로 떠올랐다. 그녀는 자신을 소개하며 방송국뿐만 아니라 여러 대학에서도 한국어를 가르치고, 요코하마에서 직접 '코리분コリ文'이라는 한국어 교실을 크게 운영한다고 하셨다. 잠깐, 코리분……? 코리분이라면 내가 3년 전 '한국문학의 재미'를 주제로 강연을 나간 적이 있는 곳이었다. 김순옥 선생님이 그곳 운영자셨다니! 당시 코리분의 다른 강사분이 섭외 연락을 주었던 터라 나는 그녀의 존재를 인식하지 못하고 있었다. 도쿄의 크기는 서울의 3.6배, 일본은 한국의

3.8배인데도 이렇게 한 걸음만 옮기면 사람끼리 연결된다. 아, 세상은 생각보다 넓지 않다.

책방 구경차 오신 것도 있겠으나 선생님이 책거리를 방문한 이유는 따로 있었다. 그녀는 우리에게 한 가지 제안을 주셨다. 도쿄에 거주하는 수강생을 대상으로, 책거리 공간을 대여해 한국어 수업을 열고 싶다는 것이었다. '책코리분 チェッコリ文'이라는 센스 있는 이름까지 준비해오셨다. 바로 'OK'를 외치고 싶었지만, 기쁜 마음을 잠시 누르고 스태프들과 상의해 빠른 시간 내에 답변을 드리겠다고 대답했다.

솔직히 말하자면, 나는 어떤 일을 할 때 시간을 들여 검토하는 편이 아니다. 직관에 따라 그 자리에서 할지 말지를 정하고, 하기로 결정했다면 언제 어떤 식으로 할 것인가 또한 그 자리에서 바로 결정해나간다. 이것이 연 100회 가까이 서점 이벤트를 개최하는 비결이라면 비결이다. 나는 언제 어디서나 만나는 사람들 가운데 흥미로운 이야깃거리가 있는 사람에게는 꼭 강연을 요청하는데, 당사자가 수락하면 곧장 스마트폰 속 책거리 공유 달력을 펼친다. 한 달 정도의 공지 기간을 확보한 뒤 강연 날짜를 정하면 섭외 완료다. 일본인들은 이런 속전속결 일 처리에 많이 놀라지만, 개인적으로는 시간 들여 고민하고 검토해, 추후 다시 연락하며 일정과 테마를 잡는 것이야말로 모두에게 시간 낭비라는 생각이다. 세상에는 시간을 들여 결정해야 할 일도 있지만 바로 결정해서 진행하면 되는 일도 있다. 모든 일에 시간을 들일 '시간'이 없지 않은가? 게다가 고민하는 티를 내면 귀신같이 다른 고민거리가 나타나 기획이 무산될 가능성도 높고.

김순옥 선생님의 제안은 분명 매력적이었다. 당장에 선생님 본인부터가 인플루언서였기 때문이다. 2015년 당시 'NHK 한국어 TV 프로그램에 등장하는 강사가 책거리에서 한국어를 가르친다'고 홍보하면 책거리도 널리 알려질 터였다. 인플루언서와 함께하는 것이 마케팅에 얼마나 큰 도움이 되는지 모른다. 그런데 그 인플루언서가 비용을 지불해서 우리 책거리를 사용하고 싶다고 먼저 제안한 상황인 것이다.

책거리를 찾는 고객층과 잠재고객층은 모두 한국에 대해 관심이 많고, 한국어를 배우거나 한국문학을 즐기는 사람들이다. 책거리를 오픈할 무렵, 일본 전역의 한국어 교실에 책거리 전단지를 보내면서 수강생들에게 이곳을 안내해주십사 절절한 손 편지를 동봉하기도 했다. 그 편지에 응해 한국어 선생님과 함께 찾아오는 수강생에게는 굿즈로 만든 자체 책갈피를 선물했고, 교재를 대량 구입해가는 분들에게는 할인 서비스도 챙겨드렸다. 손님을 연결해줄 한국어 교실 운영자들에게 더더욱 깊게 허리를 굽혔음은 말할 것도 없다······. 그런데 코리분의 도쿄 교실로 책거리가 사용된다면 다른 한국어 교실 선생들이 어떻게 생각할까. 이곳을 코리분의 전용 공간으로 인식하게 될 텐데, 여기서 교재를 사고 싶은 생각이 싹 달아나버리지 않을까?

그래서 검토하는 시간이 필요했던 것이고, 예상대로 책거리 스태프들은 이 사안을 민감하게 받아들였다. 내 마음은 이미 98퍼센트 책코리분을 해야겠다는 것으로 기울고 있는데······ 그렇지만 점주로서 스태프들의 우려에 대해 납득할 만한 대안을 말해야 한다. 아, 정말 복잡하군.

'기준을 세운다', '기준을 갖고 있다'는 것은 참 중요한 일이다. 책거리는 어떤 기준을 가지고 다른 사람들과 협업하는가. 아직 책거리로 다른 업체와 협업해본 적이 없었던 우리는 순옥 선생님의 제안을 통해서 이 문제에 처음으로 시간을 들여 고민했다. 그리고 곧 우리만의 기준을 세웠다. 바로 '장단점 대차대조표를 만들어 이점이 많은 쪽을 우선하기'다. 우리는 냉철하게 이 협업으로 얻을 이득과 손실을 분석했고, 순옥 선생님을 통해 전국의 한국어 학습자들에게 책거리가 훨씬 더 친근하게 느껴지는 것은 물론, 책거리가 공간대여를 한다는 것도 알릴 수 있다는 결과표에 따라 책코리분을 진행하기로 했다.

그렇게 우리는 매주 수요일 저녁 7시부터 9시까지 '책코리분 교실'을 열었다. 선생님은 곧바로 수강생 모집 전단지를 만들어오셨고 코리분의 공식 SNS이자 개인 SNS에 모집공고를 내셨다. 책거리는 그것을 인용해 책코리분 강좌가 생기는 것에 기쁨을 드러내었다.

책코리분은 생활한국어 학습을 목표로 열 명의 수강생에게 대화 연습이나 역할놀이 등 다채로운 회화 수업을 진행했다. 다년간 일본어권 학습자들에게 한국어를 가르쳐온 순옥 선생님의 수업 스타일은 독특했다. 지시나 전달만이 아닌 수강생들의 자발적인 제안으로 토론 주제가 정해지고 학습 방법이 정해졌다. 당시 책거리 점장을 맡았던 와타나베 나오코씨와 함께 수업 후 책방 문단속을 핑계로 책코리분 수업을 공짜로 청강했는데, 나는 때때로 수업 중간에 한국어 네이티브로서 문장이나 단어를 발음해보거나 수강생들의 발표 때 심사위원이라는 중대한 역할을 맡기도 했다. 책코리분 교실은 책거리에서 2기까지 수업을 이어나갔고, 우리가 책거리 건물의 4층까지 임대해 편집실로 쓰게 되자 편집실 옆 회의실에서 수업을 진행해 2019년 6월까지 함께했다.

책코리분을 진행하며 우리는 분명 즐거웠고 한국어에 관심 있는 일본 고객들의 눈길을 얻을 수 있었지만, 그로 인해 놓치게 된 기회들도 분명 있었다. 아쉽지만 감안한 바다. 서점을 운영할 때, 이벤트를 기획할 때에는 마음이 끌리는 것과 별개로 함께 일하는 사람들과 뜻을 모으기 위해 점주로서 냉철하게 득실을 따져야 한다. 김순옥 선생님은, 정작 당신은 모르시겠지만 나와 책거리 멤버들에게 아주 중요한 것을 알려주신 분이다.

시스템을 찾아서

 가게를 연다는 것은 다시 말해 손님과 거래하는 것이다. 책방을 열기 전까지 내가 해온 사업은 출판사와 판권을 중개하는 출판에이전시로, 거래 방식은 늘 B2B^{Business to Business} 즉 업체 간 거래였다. 거래처에 청구서를 보내면 기한 내에 회사 계좌로 대금이 들어왔다. 하지만 가게는 B2C^{Business to Customer}라 책을 한 권 팔 때마다 그 자리에서 결제가 이루어진다. 가게 운영의 기본이다. 과거에는 대부분 현금 결제만 받던 일본도 이제는 각종 교통카드를 비롯한 카드 결제가 많아졌으니 포스^{POS} 시스템, 일본말

로는 레지レジ, register 시스템을 활용해야 했다.

 처음 시도하는 일이다보니 모든 것이 생소해 무엇이 중요한지도 몰랐다. 그래서 '다른 책방들은 어떻게 하는지, 먼저 보고 따라 정하면 되지 않을까?'라는 생각 겸 핑계로 여러 책방들을 무작정 순례하기 시작했다. 지금까지는 책방에 가면 책을 고르고 사는 것만 신경썼지만 이제는 이 책방은 어떤 결제 시스템을 쓰는가, 영수증 스타일은 어떤가, 책을 담는 봉투는 어떤 것인가, 점원들이 어떤 자세로 상품을 건네는가, 계산할 때 주고받는 대화는 어떠한가를 봐야 했다. 우선 우리처럼 서적을 수입해 파는 곳을 모델로 삼기로 했다. 현장조사를 하는 김에 재고관리를 어떻게 하는가도 볼 참이었다. 혼자서 많은 것을 알아채기는 어려우니, 책거리 홍보를 담당해줄 사사키 시즈요씨와 함께 돌기로 했다.

 첫번째로, 100년 넘게 중국서적을 취급하는 우치야마 서점内山書店에 갔다. 1층부터 3층까지 총 60평 공간으로 중국어 원서와 함께 일본어로 된 중국 관련 도서는 물론, 아시아 각국의 책들도 다양하게 취급하는 곳이다. 한국사전이며 일본어로 번역된 한국소설 코너도 있다. 우리 쿠온의 '새로운 한국문학' 시리즈도 번호대로 꽂혀 있었다. 이곳은 책 한 권 한 권마다 손 글씨로 쓴 태그■가 중간에 끼워져 있었다. 주인의 말에 따르면 중국에서 책이 도착했을 때 이렇게 일일이 태그를 끼워두고, 팔 때 빼서 모아두면 그것이 곧 장부가 되어 그날그날 어떤 책을 팔았는지 알 수 있단다. 단순하고 확실한 시스템으로 보였으나 태그에 매번 글씨를 써넣어야 하는 일이 번거로울 것 같았다. 카운터에서는 금전출납기를 사용했고, 결제 후 받은 돈과 거스름돈의 액수가 찍힌 단순한 영수증을 받았다. 책 제목이 찍히려나 기대했지만 아니었다.

그다음은 이탈리아 서점인 이탈리아쇼보イタリア書房로 가보았다. 이곳은 5평이 될까 말까 한 작은 책방이다. 2층으로 올라가는 계단이 있었지만 스태프 전용 공간으로, 재고를 쌓아두는 곳 같았다. 이곳 역시 태그에 손 글씨로 책 제목을 써놓고 있었다. 영수증도 우치야마서점과 같은 스타일. 점원은 좁은 카운터에 책을 쌓아두고 자신의 일에

■ 기다랗고 얇은 종이로 보통 '슬리브sleeve'라고 부르는데, 보다 정확한 이미지를 떠올릴 수 있도록 태그tag로 표현했다.

열중하고 있었다. 일반 손님보다 대학이나 도서관을 주요 거래처로 삼는 듯 보여 크게 참고가 되지는 않았다.

나온 김에 스포츠용품가게들이 즐비한 거리의 러시아 서점 '나우카 재팬ナウカ・ジャパン'에도 들렀다. 유쾌한 러시아 여성이 우리를 반갑게 맞아주었다. 러시아 서점이라기보다는 러시아 '책도 구비한' 안내소에 가까웠다. 책장과 큐레이션에서 전문성은 느껴지지 않아 둘러보다가 러시아어 원서를 한 권 사서 나왔다. 책에 태그는 없었고 뒷면에 가격표가 붙어 있었다. 영수증을 달라고 하자 간이영수증을 손으로 써주었다. 결제 시스템이나 재고관리에 대한 기준치가 점점 내려가기 시작했다. 실망한 것이 아니라, 오히려 너무 신경쓰지 않아도 되겠다는 안심감이 들기 시작했다.

마지막으로 영어 고서를 취급하는 기타자와서점北沢書店에 가보았다. 기타자와서점 역시 100년이 넘은 고서점이다. 기타자와 이치로씨는 2대째 주인으로 한국어도 열심히 공부하는 분인데, 유명한 서점인 만큼 한국 손님도 많다보니 응대를 위해 배우신다고 했다. 이곳의 재고관리는 특이했다. 태그는 태그인데, 책 사이에 끼워놓는 게 아니라 책표지 안쪽에 실seal 형태로 붙여놓는 방식이었다. 실의 가운데에 절취선을 넣어 반쪽은 책에 붙이고 나머지 반쪽은 팔렸을 때 손으로 떼어내 매상 장부에 붙여놓는다. 재고관리와 함께 매상관리가 되는 시스템이다. 영수증은 역시 우치야마서점같이 조그만 종이에 받은 돈과 잔돈 액수가 찍혀 있을 뿐이었다.

천장까지 빼곡하게 가득찬 고서들. 제작된 지 100년, 200년도 더 넘은 책들이 수두룩했다. "이 많은 책들 속에서 어느 책이 어디에 있는지 어떻게 찾나요? 검색 시스템이 있나요?"라는 질문에 이치로씨는 빙긋 웃으며 자신의 머리를 가리키고는 "여기에 다 있지요!" 했다.

어쩜 이렇게 모든 서점들이 각자의 스타일대로 아날로그적인지. 정찰의 결과가 썩 도움되지 않았다. 이렇게만 해도 상관없는 걸까? 더 좋은 결제, 관리 시스템이 있지 않을까? 질문들이 머릿속에 파리처럼 계속 날아다녔다.

결국 쿠온의 임원이자 회계 업무를 봐주시는 나가타 선생님께 결제 시스템에 대해 여쭤보기로 했다. 나가타 선생님은 신주쿠세무서장을 지내신 분으로, 나는 신주쿠에 본부가 있는 재일본동경한국인연합회에서 활동할 때부터 선생님께 신세를 졌다. 나처럼 유학생활을 끝내고 일본에서 기업을 운영하는 청년들에게 세무 상담은 물론, 거래처 소개도 해주시는데 경우에 따라서는 개인적으로 자금도 지원하신다. 쿠온을 설립할 때에도 선생님은 기꺼이 출자해주시며 쿠온의 회계를 맡아주기로 하셨다. 선생님은 매사에 아주 꼼꼼해서 늘 메모하시고 뭐든지 체크에 체크를 거듭하시는 편이다. 일테면 미팅이 끝나고 자리를 뜰 때 책상 주변을 몇 번이고 체크해 두고 가는 물건이 없는지 확인하신다. 전철을 타고 이동할 때도 마찬가지다. 자리에서 일어났을 때 체크한 다음, 전철을 내린 뒤에도 문이 닫히기 전에 한번 더 돌아봐 체크하신다. 그런 꼼꼼한 성격에, 세무사이면서 신주쿠 한인가게들의 세무 상담도 해주시는 분이니 결제 시스템에 대해서 잘 아시지 않을까? 왜 처음부터 나가타 선생님께 여쭤볼 생각을 하지 못했지.

"레지 시스템까지 도입할 필요가 뭐 있을까? 그냥 채소가게처럼 천장에 바구니 달아놓고 장사하면 되지."

그런가요……. 시스템 구축에 대한 나의 걱정은 이 한

마디에 다 날아가버렸다. 선생님은 이 말 끝에 "한국어 책을 사는 사람이 그리 많지 않을 테니 비싼 시스템 비용을 낼 필요까지는 없지" 하고 내가 듣고 싶지 않은 말까지 덧붙이셨다. 어렵게 생각하지 말고 금전출납기를 준비하고, 영수증은 손으로 써서 건네면 되겠군. 깔끔하게 결론을 내리고 이내 다른 일에 집중하기로 했다. 책방 준비는 이것 말고도 아주 많이 남아 있었다.

그러던 2015년 5월, 서점 오픈을 두 달가량 앞두고 여전히 사사키씨와 벤치마킹을 겸한 서점투어를 돌던 중, 가구라자카에 있는 가모메북스かもめブックス에 들렀다. 가모메북스는 작지만 갤러리도 운영하고 드립커피를 내는 북카페로 당시 가장 핫한 책방이었다. 책장이 가게 중앙에도 있는데 이동하기 쉽게 무려 바퀴가 달려 있었다. '움직이는 책장이라니! 공간 구성에 자유롭겠군. 우리도 응용해보면 어떨까?' 생각하며 어슬렁어슬렁 배치된 책들을 보고 각자 마음에 드는 책과 문구용품을 하나씩 사서 카운터로 향했다.

고민은 끝났다지만 결제 방식을 주의깊게 살폈다. 우

리를 맞이한 점원은 예상과는 다르게 금전출납기도, 아날로그 향 가득한 태그도, 실도 아닌 아이패드를 조작했다. 패드와 연결된 조그만 단말기에 카드를 꽂더니, 마지막 구매자 서명 역시 우리에게 직접 쓰라고 패드를 내밀었다. 점원에게 이 시스템은 무엇인지 물어보았다. 그는 친절하게 미국 시스템인 '스퀘어 SQUARE'라고 알려주면서 사용자 메뉴 화면도 보여주었다. 눈이 번쩍 뜨였다. 책거리로 돌아와서 바로 검색해보았다. 정식 명칭은 스퀘어 레지 SQUARE レジ로 매상관리, 재고관리 등 포스 시스템이 무료였으며 지금 신청하면 카드 단말기도 동봉해주고, 도입시 설정 도우미도 파견해준단다. 이거다! 일본 서점들이 따르고 있는 아날로그 시스템은 무척이나 '일본'스럽고 복잡한 조작을 질색하는 내게 어울릴지도 모른다. 하지만 내가 찾던 것은 누구나 어떤 책이 어디에 꽂혀 있고, 매일매일 무슨 책이 얼마만큼 팔렸는가를 일주일 후, 1년 후, 10년 후에도 알 수 있는 시스템이었다. 오픈을 코앞에 두고 내가 원하던 시스템을 운명적으로 마주쳤다. 책거리는 덕분에 오픈 당일부터 스퀘어 레지를 도입하여 매상관리를 정확하게 하고 있다. 디지털 만세!

아즈마씨의 독서 편력

코로나가 한창이던 2020년의 어느 날, 이번에도 아즈마씨로부터 A4 용지 빼곡하게 주문呪文 같은 주문注文이 들어왔다. 총 세 장이다. 요 몇 달 사이 공지영의 세계를 떼고 박완서의 세계로 들어가시려는 것 같다. 팩스로 들어온 주문서 앞에는 '코로나 긴급사태가 해제되어 책거리가 다시 문을 연 것은 알지만 당분간 책거리를 찾지 못할 거 같다'며, 방역수칙을 그 누구보다도 잘 지킨 친구분이 코로나에 걸렸으니 당신은 더 철저한 방역에 들어간다는 이야기가 적혀 있었다. 전철이며 버스 등 많은 사람이 타는 대중교통을 이용하지 않을 것이라 가능하면 집에서 지낼 것이라는 근황 보고에 이어, 본론인 주문장에는 때아닌 동면 중에 읽을 책들이 나열되어 있었다.

그러고 보니 작년 8월 15일경에는 당신이 직접 손으로 쓰고 만든 소책자를 봉투에 넣어 보내주셨다. 소책자랄까, A3 용지를 반으로 두 번 접은, 그러니까 네 페이지짜리 통신문 같은 문서였다. 한 달에 한 번 만드시는지 월 표기가 되어 있는 이 통신문을 '월간 아즈마'라고 내 맘대로 부르고 있다. 월간 아즈마 6월호에는 한국의 방역수칙에 대한 정보가 자세히 적혀 있었다. 소개하고 싶은 코너는 '확진자 수와 감염자 수를 중심으로 한국과 일본의 코로나 관련 용어에 대한 아즈마 비평'. 일본에서 쓰는 '감염자 수'라는 말은 틀린 표현이라는 것이 골자인데, 검사조차 받지 않는 사람이 많고 심지어 감염되었는지도 모르는 사람들이 많으니 매일매일 발표하는 감염자 수란 말 자체가 어불성설이란다. 한국에서 쓰는 '확진자 수'야말로 검사를 받아 감염이 확인된 사람만을 말하기 때문에 정확하다고. 아, 정말 그렇네. 귀퉁이에는 '확 찐 자'라는 말장난까지도 설명해놓으셨다. 섬세하시네.

아즈마씨는 교직에서 정년퇴임하신 분으로 책거리 오픈 당시부터 찾아와주시는 단골이다. 책만 사는 것이 아니라 한국어와 역사에 관한 이벤트에도 종종 참가하신다. 그런데 이분, 독서 경향이 특이하다. 그때그때 다양한 책을 골라 읽지 않고 테마나 작가를 정해 작정하고 '파고든다'. 동학농민운동에 관심이 생기면 연구서든 문학작품이든 리스트를 만들고, 그 상관관계를 정리해 우리에게 보여주면서 관련 도서를 주문하신다. 그의 정보에는 때때로 오류가 있거나 리스트 가운데 절판된 책들도 있어서, 우리는 그 주문서를 받아들고 친절하게 오류를 설명하고 절판된 도서는 중고도서로 안내하곤 한다(책거리는 최대한 중고본이라도 찾아 손님에게 안내하는 것이 방침이다). 사실 이 과정은 우리도 들이는 시간이 필요해 꽤나 성가시고, 무엇보다 돈이 별로 안 된다.

언젠가 '금요일 점장'인 시미즈씨가 아즈마씨의 성가신 주문을 메일로 대응하는 것을 보게 되었다. 이번에도 저자나 책 제목 없이 주제나 소재만 주어져, 숲속에서 비스킷을 찾아가는 느낌의 메일이 며칠에 걸쳐 이어지고 있었다. 수없이 메일을 주고받아 결국 주문으로 이어진 것은 단돈 500엔짜리 중고책 한 권. 이렇게 시간과 공을 들여 발생한 매출이 고작 500엔이라니…… 아즈마씨도 아즈마씨지만 대응을 맡은 시미즈씨에게 '이건 아니잖아' 하는 생각이 들어 한마디했다.

"시간 대비 퍼포먼스가 안 좋네요."

하지만 곧이은 시미즈씨의 대꾸에 나는 아무 말도 못하고 말았다.

"이런 분이야말로 오래도록 우리 책거리를 응원해주실 분입니다. 매출 금액에 너무 일희일비하지 마세요."

책거리를 방문하는 손님들 중에는 우리를 한국문화원처럼 여기시는 분들이 많다. 아무래도 일본 내 유일한 한국어 서점인데다가 실제로 한국 관련 이벤트를 우수수 쏟아내니까. 어느 정도는 그런 역할을 책거리가 해낸다는 자부심도 있기에 우리도 책방으로서 그 기대를 채워드리려고 노력한다. 그런데, 그 사실을 순간 잊고 말았다. 명색이 점주가 우리의 존재의의를 놓친 것이다. 금요일 점장의 꾸중은 그래서 더 아팠다. 내 인생, 살아오면서 부끄러운 적은 셀 수 없이 많지만 이때가 아마 책거리를 운영하면서 가장 부끄러웠던 순간이었다.

　시미즈씨의 말대로 아즈마씨는 지금도 불시에 책거리를 방문하거나 팩스로 주문을 해오신다. 10년째 찾아오는 귀한 주문장이다.

알라딘의 지니

 책거리에 비치된 각종 도서들은 몇 가지 중간다리를 건너 독자들의 손에 쥐어진다. 출판사에서 책을 제작하고 서점이 책을 주문해 독자에게 판매하는 게 기본 구조지만, 한국과 일본 출판계는 통상 도매업체를 중간에 두고 출판사와 서점, 독자가 연결된다. 출판사 → 도매(유통)업체 → 서점 → 독자 순으로 도서가 판매되는 셈이다. 대형 프랜차이즈 서점은 출판사와 직거래해 독자에게 책을 파는 경우가 많지만, 동네책방은 대개 도매업체에게 도서를 받아 재고를 채운다.

책거리는 한국어 원서를 실물로 확인할 수 있는 유일한 오프라인 책방이니, 원서를 최대한 다양하게 구비하는 것이 생명이다. 한국에서 인기 있고 화제가 된 책, 일본 독자들이 구매하고 싶어하는 책을 시간차 없이 들여올 수 있어야 한다. 우선 책거리도 동네책방 규모니 자연스럽게 도매점과 거래해 원서를 들여올 요량이었다. 하지만 그 당시 한국의 3대 유통업체에 전부 문의한 결과, 한 달에 네 번이라는 적은 회수라도 매번 해외배송을 보장하기는 어렵다는 답을 받았다. 각 출판사에 직접 주문하면 어떨까? 하지만 한 가지 책을 대량 구매하는 것이 아니라 낱권으로 한 권 한 권씩 각 출판사에 주문을…… 아이고, 바로 생각을 접었다. 주문하고 입금하고 배송확인을 일일이 하는 것만으로도 진이 빠질 것이 뻔했기 때문이다. (우리에게 책을 팔겠다는 도매업체가 정해지지도 않았는데, 직거래는 하지 않겠다고 결정 내린 것은 당시에는 무모했지만 결과적으로 잘한 선택이라고 지금도 생각한다.) 통으로 하루를 고민하다가 한국 출판계를 잘 아는 한국출판마케팅연구소의 한기호 소장에게 부탁해, 지금은 역사 속으로 사라진 송인서적과 겨우 거래를 시작할 수 있었다.

우선 송인서적에 1000만 원을 입금하고, 우리가 주문하면 서적 대금과 송료를 입금액에서 제하는 방식으로 거래를 시작했다. 그러나 문제는 우리가 주문하려는 책들 가운데 송인이 취급하지 않는 종수가 더러 있다는 거였다. 당시 국내 2위 규모였음에도 100종을 주문하면 없는 책이 20종이 넘었다. 도매업체와 거래하지 않는 출판사의 책을 구하려면 또다시 출판사에 개별 구매해야 하는 도돌이표 상황이었다.

책방 주인으로서 팔고 싶은 책을 구할 수 없는 것만큼 속상한 일이 없다. 더구나 손님이 원하는 책을 우리 사정으로 구할 수 없다는 것은 책거리의 존재 이유가 의심되는 사안이었다. 당장 임시방편으로나마 도매업체에서 구하지 못하는 20종의 책들은 인터넷 서점에서 주문해 모은 다음 한국에 사는 지인이 한꺼번에 해외배송을 보내주었다. 급한 불을 끄는 한편 계속 다른 거래처를 알아봐야 했다.

그러다 찾아낸 곳이 인터넷 서점 알라딘이었다. 알라딘은 개인 고객에게도 해외배송을 실행하고 있었고, 한국 내로 제한되어 있었지만 학교나 기업, 기관 등 대량 구매

서비스도 이행하고 있었다. 포기를 가장 싫어하는 나는 알라딘측으로 "우리는 일본에 하나밖에 없는 한국어 원서 전문 서점이고 한 달에 정기적으로 구매할 수 있는 양이 있으니 우리와 거래해달라"고 아주 정성스럽게 메일을 써서 보냈다. 메일을 보낸 지 10분도 안 되어 답이 왔다. 한 번에 주문하는 양이 50만 원 이상이거나 100권 이상이면 대량 구매 고객으로 거래할 수 있으며, 반품은 안 되고 우체국이 아닌 DHL을 지정해 쓰되 그 운송료는 우리가 부담한다는 조건이었다. 빠른 답장에 우리도 아주 빠르게 "OK!"를 외쳤다.

알라딘도 예치금을 먼저 입금한 뒤 서적 대금과 운송료를 제하는 방식이었지만, 송인과 다른 점은 모든 과정을 온라인에서 바로 확인할 수 있다는 점이었다. 알라딘 웹사이트에서 주문을 하면 운송료가 포함된 견적서가 오고, 우리가 주문을 확정지으면 자동으로 예치금에서 비용이 빠져나가면서 배송 상황도 실시간으로 확인할 수 있었다. 상황을 파악하면서 다음 일을 계획할 수 있다는 것은 얼마나 쾌적한 삶인가……. 우리에게 알라딘은 정말이지, 그들의 로고대로 소원을 들어주는 램프였다.

그러나 사람은 익숙해지면 감사할 것도 당연하게 여기기 마련이다. 우리도 그랬다. 도서 한 종을 대량으로 구매할 테니 공급률을 낮출 수 있는지 문의해보고, 주문량이 100권이 넘지 않지만 급한 건이라 서둘러 보내달라고 요청해보고, 심지어는 절판된 책이나 독립출판물까지도 우리가 수배해서 물류로 보낼 테니 주문한 책들과 함께 보내줄 수 있냐는 부탁을 해댔다. 이런 뻔뻔한 부탁임에도 언제나 알라딘에서는 10분이 채 안 되어 답이 왔다. '가능하다'는 아주 간결한 답변이었다. 이럴 때 한국에서 많이 쓰는 표현은 "내가 전생에 나라를 구한 사람이었나봐"다. 그러나 실제로 나라를 구해낸 사람은 내가 아니라 알라딘의 지니, 황미진씨였을 것이다.

온라인상에서만 대화 나누던 황미진씨를 직접 만난 것은 거래한 지 거의 3년 만인 2018년도였다. 알라딘으로 찾아가 처음으로 얼굴을 마주한 그녀는 핑크색 원피스를 입고 미팅 내내 미소를 지으면서 두꺼운 노트에 내가 하는 말을 열심히 적는, 아주 앳되어 보이는 여성이었다. 우리는 부탁하는 입장이라 매번 절절하고 애교 가득한 메일을 보냈는데 그녀는 단 한 번도 감정을 싣지 않고 언제나 가능 또는 불가능하다는 답변만을 간결하게 보내왔었다. 그런 그녀가 잔잔한 미소를 지으며 무엇이든 다 들어줄 것 같은 표정으로 컴퓨터 앞에 앉아 있으리라 상상해 본 적은 없었다. 역시 사람은 대면하고 볼 일이다.

  우리는 여전히 알라딘과 도서를 거래하고 있다. 책거리가 지금까지 잘 돌아가는 것은 알라딘, 아니 우리의 지니가 있기 때문이다.

장삿속과 계단

책거리가 둥지를 튼 빌딩은 1980년도에 지어진 5층짜리 건물이다. 층마다 20평 넓이로 1층은 소바집, 2층은 카페 겸 바, 3층이 책거리, 4층은 쿠온이고, 5층에는 건물주가 산다. 진보초역에서 걸어서 2분이면 도착하고, 야스쿠니 거리에 접한 곳이라 입지가 참 좋았다. 다만 두 가지 문제가 있었다. 우선 올라가는 계단이 1층 소바집의 미닫이문 바로 앞까지 와야 측면으로 보이는 터라 손님들이 건물 앞에 와서도 책방을 못 찾아 헤맨다. 그다음 문제는 어렵게 어렵게 입구를 찾아 마주하는 계단이 급경사라는 것. 엘리베이터가 있긴 하지만 1층에서부터 탈 수가 없다. 이곳 엘리베이터는 2층부터 시작이라 한 층을 걸어올라가야 엘리베이터를 탈 수 있다. 그러고 보니 맨 처음 책거리 자리를 찾기 위해 건물들을 돌아보는데 오래된 건물은 2층부터 엘리베이터가 나 있는 곳들이 많았다. 1층에 있는 경우도, 계단 몇 개를 올라야 엘리베이터를 탈 수 있었다. 거의 스무 곳 정도를 둘러보았는데 절반 이상이 다 이런 식이었다. 물론 예산에 맞는 곳을 찾다보니 거개 좁고 오래된 건물들뿐이긴 했다만, '배리어프리'가 일반적인 이 시대에 참으로 고약한 구조다. 사람이 우선이 아니었던 시절이 아직도 주변에 많이 남아 있다. 그 당시 1mm라도 장애를 가진 손님들에게까지 생각이 미쳤더라면 고르지 않았을 자리였다.

책거리 초창기 시절, 어느 손님께서 당신은 이동하려면 휠체어를 타야 하는데 우리 책방에 들어갈 수 있냐고 전화로 물어보셨다. 휠체어가 바로 올라올 수 없으니 1층에서 우리가 업어서 모실 수 있다고 답했는데 그렇게까지는 하고 싶지 않으시단다. 대신 당신이 1층에 있을 테니 책을 들고 내려와서 보여줄 수 있는지 요청했고, 어려운 일이 아니니 그렇게 하기로 했다. 며칠 후 휠체어 손님이 다시 전화를 주셨다. 1층에 있으니 그림책 중심으로 책을 골라서 보여달라는 덧붙임도 함께였다. 백희나 작가의 『장수탕 선녀님』을 비롯해 일러스트가 강렬한 몇몇 그림책들을 에코백에 넣어 1층으로 내려갔다. 그러곤 소바집 쇼윈도 앞에서 책을 펼쳐 보이며 소개를 시작했다. 서너 차례 책을 바꿔가며 권해드렸는데, 손님은 한국에 가본 적이 없지만 드라마를 많이 보아서 머릿속에는 한국이 가득하다고 말했다. 한국어를 공부하는 중이니 다음에는 소설을 읽을 수 있게 노력하겠다는 다짐과 함께, 손님은 그림책을 세 권이나 고르고 한글 스탬프도 몇 개 사가셨다.

손님을 배웅해드린 후 '책거리를 3층에서만 할 것이 아니라 이렇게 이동식 책거리를 해도 되겠구나'라는 생각부터 드는 걸 보니, 나도 참 뼛속까지 장사꾼이다. 그렇게 돈에 눈이 먼 김승복은 이후 실제로 이동식 책거리 즉 '출장 책거리'를 본격적으로 실행시켰다. 출장 책거리라는 이름으로 우리는 진보초 건물을 벗어나 다른 지역의 한국 관련 축제나 여러 북 페스티벌에도 참가했고, 현재로서는 최대 규모의 K-POP 축제인 'KCON'에도 연이어 부스를 차렸다. 넓디넓은 행사장에서도 우리 일은 진보초의 조그만 공간에서 하는 것과 별반 다르지 않다. 한국을 모르는, 한국문학을 아직 접하지 않은 이들에게 "이런 재미난 이야기를 여태 모르셨어요?"라고 한껏 너스레를 떨며 자랑스러운 한국 책들을 권한다.

하지만 내가 여기서 결심했어야 하는 것은 출장 책거리가 아니라 장애인들도 문턱 없이 드나들 수 있는 환경을 만들겠다는 각오가 아니었을까. 이 깨달음은 훗날 김원영 작가의 책을 일본에 소개하려고 사방으로 뛰어다니는 시기가 되어서야 뒤늦게 찾아왔다. 가게 이전移轉이 쉬운 일은 아닌지라 여전히 책거리는 계단으로 오르내려야 하지만, 온라인 사이트를 개설하고 배송서비스를 시작하며 배리어프리까지는 아니더라도 장벽의 높이나마 낮추려고 노력 중이다.

책을 읽는 사람은
아름답다,
책을 사는 사람은
더 아름답다

책코리분 제1기 수강생으로 책거리에 발을 디딘 요코다 구미씨. 언제나 스커트에 재킷을 입고 오시는 분이다. 몸집이 크고 잘 웃으신다. 표정만으로 미소 짓는 게 아니라 재미난 장면에서는 꼭 큰 소리로 웃기 때문에 금방 눈에 띈다. 아무리 웃긴 이야기를 들어도 강연회나 수업 중에 크게 소리 내어 웃는 일본사람을 별로 본 적이 없다. 나 역시 재미있으면 웃음을 참지 못하고 크게 웃는 버릇이 있는데. 아이고, 나랑 똑같은 사람이 여기 있네 하며 혼자 구미씨를 좋아하게 되었다.

구미씨는 당신 몸도 큰데, 폭이 넓고 큰 사각 모양 가방에 보조가방까지 들고 다닌다. 그녀의 가방 안에는 늘 여러 권의 책이 들어 있고 회사원답게 회사 자료들도 있었는데, 무엇보다 다양한 간식거리들이 한가득이었다. 수업을 마치고 나눠 먹으려고 가져오는 건지 편의점 신상품은 물론, 크로켓맛을 그대로 재현한 센베이나 비싼 한정판 초콜릿 등 평범한 사람은 구경도 못해봤을 신기한 과자들을 가져와서 모두에게 나눠주었다. (크로켓 센베이는 정말 맛있어서 나중에 따로 박스로 사 먹기도 했다.) 구미씨는 몸과 품만 큰 것이 아니라 손도 크고 가방도 커서, 책거리에 오면 책을 한 권이 아니라 꼭 두어 권씩 사갔다. 책방에 와서 책을 사는 것만큼 당연한 일은 없겠지만 나는 그 당연한 일을 하는 사람들이 가장 멋있어 보인다. 우스운 장면을 참지 않고 큰 소리로 웃고, 맛난 것을 가져와 나누고, 책방에 오면 꼭 책을 사고. 그래서 구미씨는 내게 더할 나위 없이 멋진 사람이다.

 그녀는 책코리분 수업시간 말고도 책거리에서 진행하는 이벤트에 곧잘 참석했다. 그리고 이벤트가 끝나면 라인 채팅 앱으로 그날의 감상을 보내온다. '진행이 아주 매끄러웠다', '내용이 아주 알찼다' 등의 칭찬이 많긴 하지만 '준비 부족이 여실한 강연이었다'는 매운 감상을 보낼 때도 있다. 이런 손님을 허투루 대해서는 안 되지.

어느 날 구미씨가 자신의 친구 게이코씨를 책거리에 데리고 왔길래 함께 한잔하자고 제안해 셋이서 술자리를 갖게 되었다. 두 사람은 대학원을 졸업하고 처음으로 취직한 광고회사의 동료 사이로 당시 기준 30년 지기 친구였다. 학교 친구도 아니고, 사회에 나와 30여 년 이상 친한 친구로 지내는 이가 있다는 것만으로 구미씨는 내게 또다시 '한 단계 높은' 멋진 사람이 되었다. 나는 내 의지로 한국을 벗어나 일본에서 살고 있지만, 결과적으로는 내 삶의 지형이 한국에서의 시간과 일본에서의 시간으로 나뉘게 되었다. 그래서 오랜 시간 인간관계가 이어지는 이들을 보면 그 관계가 참으로 부럽다. 가족도 아닌데 오래오래 기쁨과 슬픔을 나누려면 서로 성향도 잘 맞아야 하지만 양쪽 모두 지극한 노력이 필요하다. 끝없이 노력하는 관계만큼 아름다운 게 또 어디 있으랴.

구미씨와 게이코씨가 나눈 것은 기쁨과 슬픔만이 아니

었다. 그들이 나누는 맥주잔의 수는 보통 사람들의 것과는 차원이 달랐다. 취하지도 않고 주거니 받거니. 맥주 두어 잔이 최대 주량인 나는 그들의 주량까지도 부러웠다. 부럽다고 생각한 데에는 그들이 나누는 화제도 한몫했다. 경영컨설턴트인 게이코씨와 당시 일본 내각부 식품안전위원회 사무국에서 근무하던 구미씨가 나눈 그날의 주제는 '일본사회 전반의 부조리와 이상적인 리더의 자세'였다. 정치적 무관심이 기저에 깔린 일본에서 정치 테마로, 그것도 오십대 여성들이 서너 시간 동안 이야기를 나누는 것은 정말 드문 일이다. 자주적인 의견을 가지고 적극 대화하는, 이 어찌나 멋진 언니들인지! 그들과 오래오래 술잔을 나누고 싶은 마음이 솟구쳤다. 물론 나는 중간에 음료로 갈아타야 했지만.

그러던 2021년 3월, 우리 책거리 웹사이트에서 구미씨가 여러 차례 도서를 대량 구입해갔다. 쿠온에서 만든 일본어 책을 포함해 한국어 원서도 꽤 많았다. 책거리 멤버들도 다들 의아해했다. 나는 살짝 걱정이 되어 그녀에게 전화를 걸었다.

"구미상, 이렇게 많은 책을 언제 다 읽어요?"

"다 읽을 날이 있겠지. 언젠가는."

"한꺼번에 다 사지 말고 한 권씩 읽고 나서 사셔도 되는데요."

"3월은 승복상 생일이니까, 승복상이 가장 좋아하는 것을 선물하는 거야. 승복상은 책을 사는 사람이 가장 좋다고 했잖아."

내게 선물도 주고 본인은 책도 얻는 셈이군. 일거양득을 취하는 약은 언니라니. 나는 다시 영리한 구미씨에게 빠지고 만다.

그렇게 구미씨가 선물로 사간 3월의 책 목록은 아래와 같다. 한국어 원서는 일본어 제목을 병기하지 않았고, 일본어가 병기된 것은 일본어로 번역출판된 도서다. 별표가 붙은 것은 쿠온에서 기획해 출간한 일본도서로 일본 서점에서 만나볼 수 있다.

●

『우리가 사랑한 아름다운 노랫말』, 책비
『소문의 벽(うわさの壁)』, 이청준
『아무튼, 떡볶이(とにかく、トッポッキ)』, 요조
『차를 노래하다(茶をうたう)』, 박광현 외 (★)
『여자 둘이 살고 있습니다(女ふたり、暮しています)』, 김하나, 황선우
『집밥이 편해지는 명랑쌤 비법 밑반찬』, 명랑쌤
『원더보이(ワンダーボーイ)』, 김연수
『통영 백미』, 이상희
『나는 매일 밥을 먹습니다』, 허정윤 글, 이승원 그림
『광장(広場)』, 최인훈
『한국영화 100선(韓国映画100選)』, 한국영상자료원
『달에게 들려주고 싶은 이야기(月に聞かせたい話)』, 신경숙
『죽음의 자서전(死の自叙伝)』, 김혜순
『일의 기쁨과 슬픔(仕事の喜びと哀しみ)』, 장류진
『KBS 황금레시피 플러스』, KBS <2TV 생생정보> 제작진
『지구에 스테이! 다국적 앤솔러지 시집(地球にステイ！多国籍アンソロジー詩集)』 요쓰모토 야스히로 외 (★)

바리스타의 힘을 빌리다

책거리의 정식 명칭은 '한국 책과 작은 카페 책거리韓国の本とちょっとしたカフェ チェッコリ'다. "책이 중심이지만 카페도 가능합니다. 그러나 본격적인 카페는 아니니 그 점은 양해해주세요"라는 애교를 담은 것이다. 그래도 카페라는 이름이 들어가니 기본적인 음료와 약간의 먹을거리를 제대로 준비하고 싶었다. 기왕이면 한국식으로. 그래서 커피, 수정과, 유자차, 칠성사이다, 맥주 그리고 한국 떡으로 메뉴의 가닥을 잡았다. 수정과와 유자차, 한국 떡은 도쿄에서 활동하시는 요리가 조선옥 선생님으로부터 받고 칠성

사이다와 맥주는 한국 식료품을 취급하는 덕승상사에서 납품해주기로 했다.

마지막으로 커피가 남았다. 커피…… 우리는 어떤 커피를 낼 것인가. 일본이라면 두말할 것 없이 드립커피지. 커피콩을 사서 직접 갈아, 한 잔 한 잔 정성 들여 내린 커피를 손님에게 드리자……. 그런데 책거리 스태프들에게 드립커피에 대한 나의 포부를 말하자 다들 눈을 끔벅거리며 서로 눈치를 살폈다. 그들의 걱정은 일정한 품질의 맛을 낼 수 있는가였다. 집에서 스스로 내리는 커피와 달리 카페에 값을 지불하는 커피라면 모름지기 맛이 좋은 것은 당연하고 품질이 일정해야 하는데 우리가 그 '일정하게 좋은' 맛을 낼 수 있을까, 라고 주저하길래 "일정하게 만들면 되지!"라고 당당히 외쳤다. 일정한 맛은 레시피에서 나오는 것 아니겠는가. 책거리만의 커피 레시피를 만들면 되는 문제 아니겠어!

손님을 만족시키는 것에 앞서 스태프들을 안심시키기 위해서라도 바리스타인 유미씨를 초빙해 우리만의 커피 스터디를 시작하기로 했다. 유미씨는 참고로 한국식 떡을 배운 사람이다. 그녀는 일본에서 떡을 만들어 비즈니스로 연결해볼 궁리를 하고 있는데, 일본에서의 수요가 어떨지 가늠이 어려워 우선 바리스타가 되려는 이들에게 커피의 모든 것을 가르치는 강사 일을 하고 있었다.

유미씨의 수업은 짧지만 무척이나 효율적이었다. 신선한 커피콩을 잘 선별하는 것이 맛있는 커피의 첫걸음…… 이지만 우리 같은 초보자들에게는 어려우니 거래처에서 늘 같은 맛의 커피콩을 조금씩 자주 사라는 것이 그녀의 조언이었다. 그다음으로 중요한 것은 커피를 내릴 때에는 시간을 충분히 들이는 것. 100도로 끓인 물을 90도로 식힌 다음 천천히, 천천히, 천천히 내리는 것을 몸에 익히라고 말했다. 그러고는 우리를 앞에 두고 몇 차례 시범을 보였다. 커피콩을 그라인더에 가는 동작, 필터에 가루를 터는 동작, 90도가 된 물을 부리가 긴 주전자에 천천히 옮겨 담는 동작, 마지막으로 팔을 약간 올린 채로 천천히, 아주 천천히, 정말 천천히 물을 떨어뜨리는 동작까지. 유미씨의 모든 동작은 우아했고 물 흐르는 듯 자연스러웠다. 그녀의 손이며, 몸 전체가 한 잔의 커피를 만들어내는 전 공정을 완벽하게 파악해 협업하는 것처럼 보였다. 일하는 순서, 몸의 동선이 아름답다는 것을 처음으로 느꼈다. 서둘지 않고 흔들림 없이 다음 프로세스로 자연스럽게 이어지는 것, 이런 움직임을 아름답다고 하는 것이겠지. 우리는 이날 유미씨에게 '맛있는 커피를 만드는 법'을 배웠지만, 실은 자신이 지금 하는 일을 완벽하게 파악하고, 앞으로 나아가는 것이 얼마나 아름다운 일인가를 배웠다.

책거리와 거의 같은 시기에 오픈한 건너편의 스타벅스는 오픈한 지 2년 만에 문을 닫았다. 폐점에는 의외로 많은 원인이 복합적으로 결합되어 있기에 단언할 수 없지만, 어쨌거나 그들은 금방 문을 닫고 말았다. 그럼 아마추어 바리스타들로 이뤄진 책거리는 어떻게 되었냐고? 우리는 코로나로 인해 식음료 판매를 그만두기 전까지 유미씨가 일러준 대로 천천히, 아주 천천히 커피를 내렸고, 손님들은 우리가 만든 커피가 맛있다고 칭찬해주셨다. 대형 프랜차이즈의 폐점을 우리의 커피 맛과 연결시켜도 될지, 그 인과관계는 좀 애매하지만 우리는 살아남았다는 것이 팩트 아니겠는가!

참, 우리는 이렇게 연결된 인연을 그냥 흘려보내지 않

고, 유미씨를 초청해 책거리에서 '커피 만드는 법' 이벤트를 열기도 했다. 그리고 아주 잠시지만 유미씨가 책거리 점장을 맡아 진보초 거리의 다른 카페들을 떨게 만들기도 했다.

책방의 적

 책방의 적은 의외로 책일 때가 있다. 책은 낱권으로 있을 때에도 우아하고 고귀하지만, 그것들이 더미로 박스 속에 들어 있을 때에는 말 그대로 그 존경의 중(重)함이 달라지고 만다.

 책거리는 앞서 말한 것처럼 계단으로 2층까지 올라와야 엘리베이터를 탈 수 있다. 양손에 짐을 들고 있을 때는 그냥 3층까지 걸어올라가기도 한다. 헉헉거리며 걸어올라와, 짐을 내려놓고, 엘리베이터 버튼을 누르고, 다시 짐을 들고…… 아이고, 그냥 쭉 걸어올라가는 게 낫다. 간단한 짐이야 이렇게 눈을 꾹 감은 채 들고 올라가겠지만 이곳은 책방, 재고확보가 필수인 곳이다.

그런 귀한 재고들을 책거리에 배달해주는 분들이 있다. 바로 DHL의 배달 청년들이다. 일주일에 2-3회, 그것도 한 번에 두세 박스씩 들고 올라온다. 숨을 엄청나게 헐떡거리는데 그마저도 박스 때문에 얼굴이 가려져 보이지 않을 때가 많다. 그럼에도 무거운 책을 내려놓은 뒤 해맑은 얼굴로 단말기를 내밀며 사인해달라고 말하니 괜히 미안한 마음이 최고조에 달한다. 한여름에는 그 미안함, 곱절이 된다. 노란색 유니폼이 땀에 젖어 등에 쫙 달라붙어 있다. 그 모습을 볼 때마다 냉장고에 있는 칠성사이다 한 캔을 내미는 것으로 안쓰러움을 애써 고마운 마음으로 숨기기도 했다.

코로나로 우체국을 비롯한 각종 업체에서 물류대란이 일어났지만 DHL은 변함없이 물건을 배달해주었다. 비행기 운행이 줄어든 탓에 통상 2-3일 걸리던 우체국 EMS 서비스의 배송기간이 일주일 이상으로 하염없이 늘어나던 시절에도 DHL은 2-3일 만에 도착했다. 그러니까 코로나 시절 책거리가 변함없이 정상영업을 할 수 있었던 것은 DHL 덕이라고도 할 수 있겠다.

그간 고마움과 친밀감이 쌓여 진보초에서 DHL의 노란 택배차량이 보이면 반가운 마음으로 가까이 다가가 인사도 건넨다. 책거리 구역 담당자인 오자키씨는 키가 큰 사람으로 물건을 주고받는 그 짧은 틈을 타 우리와 종종 사담을 나누는데, 가끔씩 들려주는 자기 이야기가 기억에 남는다. 그는 독일에서 유학한 경험이 있어 외국에서 모국어로 쓰인 책을 읽는 것이 얼마나 고마운 일인지 안다고 말했다. 한국영화를 좋아해서 책거리로 배달 나가는 일이 기다려진다고도 덧붙였다. 책방의 손님은 책을 사가는 분만이 아니구나 싶어 미소가 지어졌다.

책방의 적이 책인 순간은 또 있다. 책이 파손되어 도착하는 경우다. 배송 중에 박스가 터지거나 젖어서 책 일부가 파손된 경우는 두말할 것도 없이 파본이 되지만, 일본은 파본의 기준이 좀더 까다롭다. 한국에서는 여러 권의 책을 포장할 때 책 더미 위아래에 골판지를 댄 후 한 묶음으로 만들기 위해 노끈을 두르는데, 그 노끈 때문에 책 가장자리에 아주 작게나마 눌린 자국이 남을 때가 있다. 손가락으로 몇 번 주무르면 펴질 때가 많지만 조금이라도 그 자국이 남아 있을 경우, 일본 손님들은 이를 파본으로 여긴다.

한국이라면 출판사나 도매처에서 파본을 교환하거나 아예 반품할 수 있지만 우리는 반품하지 않는 조건으로 책을 받기 때문에 파본이 발생할 경우 여지없이 손해다. 책거리 초반엔 불우한 사고로 발생하는 파본들이 참 천덕꾸러기였으나 지금은 중고도서 코너에서 저렴한 가격으로 판매하는 지혜를 발휘하게 되었다. 이 코너는 한국어 도서에 이제 막 입문하는 초심자에게, 반대로 책을 참 많이 사지만 '간보기'용 책을 찾는 숙련자에게 사랑받는다. 이렇듯 책방에서 책은 어제의 적이었다가 오늘의 귀인이 되기도 한다.

책거리 점장들

　책거리에는 점원이 없고 점장만 존재한다. 책방을 비롯한 보통의 가게는 대개 점장 한두 명과 점원 여러 명으로 이루어지지만, 책거리에서는 모두가 점장이다. 요일마다 점장이 다르기 때문에 어떤 요일에 오느냐에 따라 책거리에서 만나는 점장도 다르다. 우리는 이걸 '책거리 점장 제도'라고 부른다. 점원이 '점장'의 역할을 돌아가면서 맡는 것이다.

　책거리를 오픈할 당시 나는 쿠온을 운영한 지 8년이 되던 차였다. 한국 책을 직접 번역출판하고 다른 출판사에 판권을 중개하고, 이후 책이 나오면 직접 독자에게 전달까지 하겠다는 원대한 꿈으로 도쿄 한복판에서 책방을 시작했지만 솔직히 책방 운영까지 도맡기는 어려웠다. 함께할 사람들을 모아야 했다. 하지만 그저 자리를 지키는 것을 넘어 책거리의 업무 전반을 주도적으로 맡아줄 사람이 필요했고, 개인적으로는 한국문학을 아는, 책을 좋아하는 이들과 일하고 싶었다. 머릿속으로 이 일을 즐겁게 맡아줄 사람들의 목록을 만들어보았지만 문제는 이런 우수한 사람들은 이미 직장이 있거나 번역 일로 많은 시간을 내기가 어려운 상황이라는 점이었다. 한참을 고민하다 곧 고정관념을 뒤집었다. 꼭 두세 명이 주에 며칠씩 근무해야 할 필요가 있을까? 여러 명이서 일주일에 하루씩만 점장을 맡아도 되지 않을까? 어차피 돌아가며 맡을 업무인 걸. 그래서 탄생한 대안이 이 요일별 점장 제도다. 이 제도는 책방을 열자고 결심했을 때부터 결정해둔 사안이었다. 앞서 레지 시스템이 중요했던 이유도 이 제도 때문이었다. 매일매일 담당자가 바뀌니 빈틈없는 인수인계가 필요했으니까.

섭외할 점장 목록에는 우선 다섯 명의 이름이 있었다. 번역가인 시미즈 지사코씨, 후루카와 아야코씨, 한국 그림책 전문가이며 번역도 하는 와타나베 나오코씨, 교정 전문가인 박나리씨 그리고 선전 홍보를 함께하는 사사키 시즈요씨. 나의 소중한 인연 목록이기도 했다.

후루카와씨는 한국에서 유학한 번역가로, 2011년에 한강의 소설 『채식주의자』를 일본어로 번역출판한 직후 알게 된 사이다. 『채식주의자』의 독특한 세계관을 알리기 위해 홍보차 감상문대회를 열었는데, 이후 매년 지속적으로 '한국문학 감상문대회'를 열고자 'K-BOOK 진흥회'라는 단체를 설립했었다. 후루카와씨는 그때 진흥회의 열혈멤버였다.

시미즈씨 역시 이벤트 참가자로 알게 되었다. 쿠온 출판사는 설립 초기부터 일본 독자들과 파주 출판도시 투어를 진행해왔는데, 그녀는 이 투어의 참가자였다. 신문기자로 오랫동안 일하다 카피라이터로 전향한 시미즈씨는 여행 중에 파주 지지향호텔의 테마 객실인 '박경리의 방'에서 묵었고, 투어를 마치고 귀국하는 비행기 안에서 넌지시 내게 번역 일을 하고 싶다고 말했었다. 나는 그녀의 희망대로 박경리 선생의 소설 『토지』의 번역가가 되어달라 부탁하면서 매일 컴퓨터 앞에서 번역만 하면 몸이 굳으니 일주일에 한 번 책방에도 나와달라고 졸랐다.

나오코씨는 어린 시절 부모님을 따라 서울에서 살다 일본으로 돌아온 귀국자녀였다. 한국 그림책을 읽는 모임을 오래도록 주최한 베테랑이기도 했다. 그림책을 읽으러 가는 사람도 많았지만 나오코씨를 만나러 가는 사람이 더 많아 보였다. 나도 두어 차례 참가하면서 그녀의 팬이 되었으니까. 그 무렵 나는 쿠온에서 번역출판한 책으로 작은 독서회를 몇 번인가 열었는데, 어느 날의 독서회에 나오코씨도 참가해주었다. 어쩌면 책거리의 전신이었을 그 독서회의 끝물에 나는 모두의 앞에서 "제가 한국 책방을 열려고 합니다"라고 처음으로 뜻을 밝혔다. 모두가 손뼉을 치고 기뻐해주었다. 행사가 끝나고 사람들이 하나둘 떠난 자리에 나오코씨가 혼자 남아 있었다. 그녀는 내게 "저 책방에서 일하고 싶어요"라고 조용히 포부를 내보였다. 나오코씨는 그날부로 명실상부 '책거리의 그림책 전문가'가 되었다.

책거리 홍보를 맡고 있는 사사키 시즈요씨는 모두의 큰언니다. 2011년 김중혁의 소설 『악기들의 도서관』을 번역출판하고 김중혁 작가를 초청해 다양한 이벤트를 열었을 때, 각종 매체 인터뷰도 함께 진행했는데 한 신문사 웹팀 한류 코너에서 통 크게 넓은 지면을 할애해줬었다. 그 편집장이 사사키씨였다. 그때부터 종종 연락을 취하며 지내다 2015년 3월, 그녀가 회사를 그만두고 한 달간 한국에서 지낼 것이라고 페이스북에서 선언했다. 바로 전화를 걸었다. "책방을 차릴 건데 홍보담당으로 사사키상이 필요해요."

책방 오픈을 준비하며 공들여 섭외한 사람도 있다. 책방을 열겠다는 내 소식에 친구가 책방에서 오래도록 근무한 경험이 있다는 자기 사촌을 소개해주었다. 그 사람이 나리씨다. 우리들 가운데 아무도 접객 경험이 없어 걱정했는데 잘되었다 싶어 당장 연락을 취했다. 나리씨는 재일교포 4세로, 연락해보니 교정교열 전문회사에 근무 중이었다. 처음에는 요일 점장이 아니라 풀타임 근무를 부탁했는데 나리씨는 지금 다니는 회사를 그만둘 수 없다고 고사했다. 그럼 하루만이라도…… 매달렸으나 겸업이 금지되어 하루도 어렵다고 아쉬워했다. 연달아 거절당했으나 이 사람을 놓치면 안 될 것 같다는 직감이 들어, 나리씨만 괜찮다면 내가 직접 회사 사장님과 얘기해볼 테니 만나게 해달라 제안했다. 나리씨가 일하는 회사의 야나시타 사장은 교정교열뿐 아니라 출판기획도 하고, 가모메북스도 운영하는 업계 유명인이었다. 그렇게 셋이서 저녁식사를 하는 자리가 마련되었다. 나리씨랑 일하고 싶다고 말하자 그는 바로 웃으며 "김상, 백년 정도 기다릴 수 있나요?"라고 되물었다. 협상결렬. 더군다나 그 직후 나리씨는 부장으로 승진까지 했다. 어라, 더욱 욕심이 났다. 포기하지 않고 한번 더 야나시타 사장과 나리씨에게 토요일 딱 하루만 책거리를 돌봐달라고 매달렸는데, 지성이면 감천인가…… 원하면 얻을 수 있다. 정말이다, 나리씨가 토요일 점장이 되었으니까! 우리는 나리씨로부터 업무 시작과 마감하는 법을 배우며 '점포에서 일어날 수 있는 아주 많은 경우의 수' 매뉴얼을 갖추게 되었다. "이건 이렇게 처리하겠습니다", "이건 저렇게 진행하겠습니다"…… 모두가 작성해 공유하는 업무일지에 나리씨의 준엄한 메시지로 가득했음은 말할 것도 없다.

책거리는 이렇게 화요일부터 토요일까지 총 다섯 명의 점장으로 영업을 시작했다. 상황에 따른 불가피한 선택이었지만, 점원이 아닌 점장이 된 모두가 책거리를 살뜰히 챙기는 효과까지 있으니 무척이나 효율적인 시스템이었다고 자부한다. 10년의 세월이 흐르며 새로운 점장이 들어오기도 했다. 사와다 교코씨, 유미씨, 리나씨, 가나씨, 야마구치씨, 애선씨, 이토씨, 지영씨, 리애씨…… 자랑스럽고 소중한, 정말 소중한 친구들이다.

책거리의 실질 운영자는 나 한 명이지만, 책거리의 지난날을 설명할 때 늘 '우리'라는 표현을 쓴다. '내가 이렇게 했다'가 아니라 '우리가 이렇게 했다'고. 의식적으로 나오는 것이 아니라 저절로 그리 나온다. 그만큼 책거리는 누구 하나의 힘으로 굴러가는 곳이 아님을 절감한다. 주인의식을 갖고 임해줄 사람들로 스태프를 꾸린 것이었지만 모두가 그 의식을 가뿐히 넘어 공동체의식을 가져주었다. 오로지 책을 사랑하는 마음으로 쌓아올린 곳이다. 누군가 내게 인복이 있느냐 묻는다면 곧장 책거리 점장들의 이름을 읊어주는 것으로 답변을 대신하겠다.

일본의 배송서비스

　책거리와 손님을 연결해주는 배송 파트너들은 'DHL 청년들' 이외에도 여럿 있다. 바로 책을 보낼 때의 파트너들이다. 책거리가 온라인 사이트를 개설한 이래로 이 '보내는 파트너'들이 무척이나 중요한 역할을 차지하게 되었다.

　일본의 배송서비스는 제법 다양한데, 우리는 책의 크기와 무게, 배송지에 따라 '사가와큐빈佐川急便'과 일본 우편국郵便局, '에코하이'로 업체를 나누어 이용한다. 박스 포장이 필요할 정도로 책을 많이 구매했거나 착불로 배송받는 손님에게는 사가와큐빈으로, 낱권을 보낼 때는 우편국으로 보낸다. 만약 박스로 구매하셨지만 도쿄 도내나 오사카 쪽에 계시는 손님이라면 에코하이 편에 보내는 식이다.

사가와큐빈은 일본의 대표적인 택배회사 가운데 하나로 오랜 전통을 자랑하는 곳이고, 에코하이는 신설 업체다. 두 업체의 가장 큰 차이점은 역시 가격이다. 에코하이는 도쿄와 오사카 지역에만 운송하기에 다른 업체보다 가격이 저렴하다. 신생기업이지만 다른 업체의 배달원들처럼 시간에 쫓긴다는 분위기가 없어서 인상적이었다. 배달 지역이 한정적이니 일 처리가 좀더 간결한 것일까? 움직임이 여유롭고 표정도 당당하다. 그들이 상품을 수거해가는 시간대는 오후 4시경으로, 책거리에 들러 머무는 시간은 5분도 안 되지만 그들이 풍기고 간 여유와 당당함은 우리까지도 느긋하게 손님들을 대하게 만들어줄 정도다.

우편국은 이른바 우체국이다. 인프라가 잘 구축된 국가 시스템인 만큼 다양한 배송 형태가 있다. 우편국 서비스의 가장 큰 장점은 일정 무게 이내라면 '일본 전국 균일 금액'이라는 점이다! 책거리 손님들은 홋카이도에서 오키나와까지, 실로 일본 전국 방방곡곡에 계신다. 그런데 우편국으로 보내면 추가비용이 발송하지 않으니 이보다 더 좋은 선택지가 없다.

우편국 배송서비스는 크게 여섯 종류로 나뉘는데 우리가 주로 사용하는 것은 유메일ゆうメール과 레터 팩レターパック이다. 1kg 이내일 경우 유메일로, A4 사이즈이자 4kg 이내일 경우에는 레터 팩으로 보낸다. 두 종류 모두 정해진 규격 봉투에 담아 포장해야 하는데, 우체국 영업시간과 상관없이 우리 시간에 맞추어 언제든 우체통에 우편물을 넣으면 되기에 무척이나 간편하다. 개수가 많다면 집배원이 수거하러 와주는 서비스도 있다. 하지만 어떤 집배원이 와주느냐에 따라 자주 희비가 엇갈린다.

유메일은 1cm 미만인 책을 넣어야 하고 레터 팩은 3cm 미만이어야 하는데 그 이상이면 다른 옵션을 이용해야 해 가격이 훌쩍 뛰어버린다. 수화물을 수거하러 오는 집배원분들은 대부분 눈대중으로 물건을 살피지만 그 가운데 자로 일일이 물건을 재는 분들이 있다. 물론 우리도 양심껏 택배를 포장하지만, 아주 좁은 오차범위도 잡아내는 족집게 집배원이 오면 책거리 스태프들은 아무렇지 않은 척하지만 속으로는 무척이나 긴장한다. 그들은 1cm

와 3cm 폭의 구멍이 뚫린 특수한 자를 들고는 봉투를 하나하나 이 구멍 안에 넣어보는데, 조금이라도 구멍을 통과하지 못하는 봉투는 뜯어서 재포장해야 한다. 그냥 가져가면 안 되겠는가 애원하는 눈빛을 보내보지만 족집게 님은 단호하게 "본 것을 못 본 것처럼 할 수는 없습니다"라고 말한다. 급속도로 냉랭한 분위기가 조성되지만 별수 없다. 규정에 맞춰 일하는 것뿐이니 지켜야 하는 것은 우리 쪽이다.

'쿠팡대국' 한국에 사는 사람들은 일본의 이 물류비 전쟁을 이해하지 못할 테지만 일본에서 물류비는 모든 업종의 생태계에 큰 비중을 차지한다. 일본 국내 물류비는 매년 조금씩 인상되는데, 이제는 도서 정가의 10퍼센트를 넘어섰다. 일본 출판인 모임에 가면 다들 물류비 인상에 대한 걱정이 크다. 온라인 판매의 비중이 큰 책방들의 걱정은 더 크다. 그래서 배송비를 줄이는 방법을 필사적으로 궁리해야 한다. 시장이 점차 오프라인에서 온라인으로 넘어가면서 생긴, 서점이 서점으로 살아남기 위해 해결해야 하는 과제다.

그러던 와중 이슬아 작가가 쓴 『일간 이슬아 수필집』을 아이돌 누군가가 읽어, 주문이 엄청나게 들어온 적이 있다. 『일간 이슬아 수필집』은 두께가 3.4cm가 넘는 책이다. 책이 잔뜩 팔려서 기쁜 마음과 함께 책 한 권에 배송비가 얼마나 들어갈지 머릿속 계산기가 바쁘게 움직인다. 이내 행복한 열감이 머리로 몰려오는 것을 보니 나도 어쩔 수 없는 책방 사장이다.

우리의 VIP

일본어에는 '오토나가이大人買い'라는 단어가 있다. 어른大人처럼 산다買い는 말로, 무언가 자제해오던 물건을 크게 사들이는 것을 말한다. 우리말로 하자면 '통 큰 쇼핑'이랄까? 토요일에 책거리를 찾는 손님 중에는 이 오토나가이를 실행하는 손님들이 더러 있다. 대체로 주말을 틈타 지방에서 올라오신 분들이 한국 책을 만나 기쁜 나머지 한 권, 두 권…… 그러다 열 권 넘게 구입하시는 경우다. 이분들은 대개 구입 리스트를 가지고 책방에 오는 '목적형 구매자'가 아니라 책장을 돌며 관심 가는 책을 구입하는 '발

견형 구매자'들이다. 우리는 발견형 구매자들을 더 선호한다. 훨씬 더 책을 많이 사기 때문이다. 책방지기들에게 사랑받는 손님이란 역시 책을 많이 사는 사람이다. 때로는 가방에 책이 다 들어가지 않을 정도로 많이들 사신다. 이런 계획성 없는 분들을 위해 우리는 7000엔 이상 구매 시 현장에서 바로 택배로 보내드리는 친절한 서비스를 실시하고 있다.

그날도 토요일이었다. 소설 코너에서 30분 넘게 책을 물색하는 여성이 있어, 찾으시는 책이 있는가 여쭈었다. 임철우, 최수철, 김채원, 양귀자, 이청준, 오정희 등의 작가를 읽어왔는데, 다음에 읽을 작품을 찾고 있다고. 오오, 모두 1980-90년대 한국의 문학청년들이 가장 즐겨 읽었던 작가들이다. 이 작가들의 작품을 읽으면서 한편으로 그들 자신의 문학성을 가늠하고 또 절망하고는 했지.

"한국문학을 전공하신 건가요?"

"아니요. 한국에서 유학할 때 하숙집 룸메이트였던 한국인 언니가 권해주는 책을 읽어왔어요."

오쿠 나쓰코 씨는 일본 외무성에 근무하는 공무원으로,

한국말을 나보다 더 정확하게 구사하는 분이다. 문학작품을 통해 다른 문화권 사람들의 정서를 가늠하려고 노력하는 성실한 외교관이다. 서울대학교에서 유학하던 시절, 광주에서 서울로 유학 온 한국인 언니가 룸메이트였다고 했다. 그녀에게 한국소설을 소개받아 읽어왔고, 소설을 읽은 후에는 한국어로 감상문을 써서 문장을 체크받기도 했는데 한국어 체크가 아니라 문학비평 수업 수준의 피드백을 받았다고 했다.

"그런 언니가 있다니 정말 행운이네요. 그 언니랑은 지금도 연락을 하고 있나요?"

"귀국하면서 연락이 끊겼어요."

나쓰코씨와 한국문학을 이어준 언니는 추억으로 남게 되었지만, 문학은 그 시절 잠깐의 취미생활로 남지 않았다. 그녀는 이후 책거리에 드나들며 2000년대 이후 왕성하게 활동하는 작가들의 작품에도 손을 뻗게 되었고, 심지어 우리가 열고 있는 번역 세미나도 수강했다. 성실하고 부지런한 사람이 옆에 있으면 주변 사람들도 덩달아 부지런해진다. 적극적인 나쓰코씨 덕분에 그녀를 주축으로 한국어 원서를 읽는 멤버십 독서회를 1년간 운영하기도 했다. 늘 자세한 자료조사와 발제문을 작성해와 다음 발제자를 긴장하게 만드는 재주가 뛰어났다.

어느 날의 또다른 토요일, 나쓰코씨는 드라마 〈미생〉에 빠진 남편을 위해 만화 『미생』 일본어판을 전 권 구매하는 오토나가이를 몸소 실천했다. 너무 기뻐서 손님들에게 크게 공지해버렸다.

"여기 오토나가이를 한 사람이 있습니다! 여러분들도 흉내내세요!"

그러고는 자랑하듯 나쓰코씨와 사진을 찍고 다음 문장을 덧붙여 책거리 단체 라인방에 올렸다.

"책거리 VIP 손님이니 다음에 이분이 오시면 다들 인사해주시기 바랍니다."

책방 책거리의 로고
펼쳐진 책 위에는 '한국 책과',
커피잔 아래에는 '작은 카페'라고 쓰여 있다.

2부

마음으로 좋아하는

신
세
계
로

　스물세 살이 되었던 1991년 가을에 일본으로 유학을 왔다. 처음에는 영국 유학을 꿈꿨으나 부모님이 영국은 멀다며, 막내딸을 그리 멀리 보낼 순 없다고 말리셨다. 그래서 "가까운 일본이면 괜찮겠네" 하자 마땅히 말릴 이유를 찾지 못했는지 마지못해 허락하셨다. 그렇게 만난 90년대의 일본은 정말이지 신세계였다.

　지금이야 상상도 못하겠지만, 당시 한국은 커피숍('카페'라는 표현도 맞지 않는다)에서 커피를 주문하면 아메리카노나 드립커피는커녕 믹스커피만 내주던 때였다. 홍차도 있었지만 시제품인 티백을 우려서 내왔고, 잎차를 내리는 곳은 사실상 없다고 봐야 했다. 그러니 뭐, 홍차의 종류를 아는 사람이 몇이나 있었겠나. 적어도 내 주변엔 없었다. 반면 그 시절 일본은 버블경제의 최고점이었다. 후식으로 어떤 디저트를 먹고, 그 디저트에 어울리는 음료로 어떤 차 또는 커피를 곁들일지 고민하는 카페문화를 이곳에서 처음 경험했다. 압도적으로 부유한 선진국. 한국과 일본의 경제격차는 어마어마했다. 졸지에 '시골 쥐'가 되었지만 호기심 많은 사람에게 문화충격은 오히려 환영할 일이었다. 무엇보다 그런 '180도 뒤집힌 문화'는 이미 어렸을 때 한차례 경험한 터였다.

1980년 중반, 초등학교 4학년이던 때 고향인 전남 영광에 원전 건설이 시작되었다. 한국의 세번째 원전이자 최초의 '국산' 원전이었다. 국가 위신이 걸린 프로젝트였기에 당시 우수한 인재들이 영광으로 투입됐고, 그 결과 시골 마을의 풍경은 점차 격변했다. 갑자기 문명이 밀려들어온 것이다.

원전이 몰고 온 새로운 바람결에 어른뿐 아니라 아이들

도 정신을 못 차릴 정도였다. 시골 아이들 사이에서는 전교 1등을 놓치지 않던 내가 도시에서 전학 온 아이들 때문에 성적이 단숨에 떨어지는 쓴맛도 봐야 했다. 학교에서 아이들을 오전반 오후반으로 나누어 공부시킬 정도로 시골 아이들과 도시 아이들의 격차가 심했다.

서울말을 쓰는 외지인들이 늘어나고 그에 따른 낯선 업장도 잔뜩 생겼다. 새로운 움직임에 불만을 토로하는 사람들도 있었으나 그 불만조차 동네에 활기를 불어넣었다. 호기심이야 타고나기를 왕성했지만, 어린이에서 청소년으로 넘어가던 나는 이때의 '물결에 올라타는 경험'으로 새로운 것을 거부감 없이 받아들이는 기질을 훈련할 수 있었다. 결과적으로 내게 원전은, 일본에서 마주한 격변에 주눅들지 않고 오히려 그 다름을 만끽할 수 있게 도와준 소중한 경험적 토대였다.

마음이 동하면 호기심과 아이디어는 숨쉬듯이 튀어나오기 마련이다. 게다가 나는 '이분이 이 책에 대해 말하면 어떨까' '독자들은 이 이야기를 재밌어하지 않을까' 등등 생각한 것을 주변에 말하기를 주저하지 않는 편인데다가 그 아이디어들을 곧장 실행으로 옮겨야 직성이 풀리는 사람이다. 한국문학을 일본에 알리고 싶어서 출판사를 차렸고, 독자들과 대면해서 그들이 무엇을 원하는지 보고 싶어서, 그들에게 직접 이 책이 얼마나 아름다운지를 말해주고 싶어서 책방을 차릴 정도니까 말이다.

정세랑 작가를 2024년 'K-BOOK 페스티벌'에 초대하고, 그 과정을 일본 문학지에 실을 수 있게 후일담 형식의 원고를 청탁한 적이 있다. 그때 그녀의 초고에는 "김승복 대표님이 워낙 토네이도 같은 분인지라 …… 그 회오리에 휘말려 이루어진 셈이었는데 휘말리길 잘했다 싶었다"라는 문장이 있었다. 종종 내 주변 사람들은 그렇게 '휘말렸다'고 표현한다. 약 40년 전 처음 맞이하는 바람에 즐겁게 흔들리던 아이가, 이제는 그것에 올라타는 것으로도 모자라 그 바람을 일으킨다는 사실에 어딘가 뿌듯한 마음도 든다. 이 바람이 우리를 또 다음 신세계로 데려다줄지도 모를 일이다.

축제를 열자!

"『82년생 김지영』을 읽었는데 다음에 어떤 책을 읽으면 좋을지 소개해주세요."

"한국요리 레시피가 담긴 책을 추천해주세요."

"아이에게 읽어줄 그림책을 고르는데, 도와주세요."

"이십대 작가가 쓴 소설이 있습니까?"

"한국의 시를 읽고 싶어요."

책거리를 찾는 손님들의 목소리다. 책거리에서 책을 팔다보면 이렇게 직접적인 질문 외에도 어떤 책이 많이 팔리는지, 어떤 이유로 책을 사가는지를 알 수 있고, 또 각 출판사들이 어떤 책을 출간했는지, 어떤 번역가가 번역했는지 등 업계 동향도 파악할 수 있다. 이런 데이터들 역시 현장에서 자연스럽게 알 수 있다.

책방은 이처럼 출판계 엔드유저end user의 목소리, 출판계의 흐름을 엿볼 수 있는 곳이다. 나는 직접 책을 출판하기도 하고 여러 출판사에 판권을 중개하기도 하기에 현장의 목소리는 큰 도움이 된다. 이 좋은 것을 나만 경험할 수는 없지. 그래서 출판사에 근무하는 편집자나 마케터들에게 엔드유저의 목소리를 직접 들려주자는 생각으로 'K-BOOK 페스티벌'을 열었다. 2019년의 일이다.

강연회나 대담 같은 이벤트는 항상 참가신청을 받아 인원수를 파악하며 진행해왔기에 '페스티벌' 형태로 손님이 얼마나 올지 모르는 이벤트는 처음이었다. 우선 그만한 사람을 수용할 수 있는 공간이 필요했다. 장소를 진보초로 한정한다면 갈 곳은 뻔했다. 바로 '출판클럽빌딩'이다. 출판클럽빌딩은 일본의 출판사들이 모인 일본서적출판협회를 비롯해 다양한 출판 관련 기관들이 소재한 거대한 빌딩이다. 그곳의 3층과 4층은 콘퍼런스가 이루어지는 널

찍한 공간이라 대여가 가능했다. 물론 그만한 가격이 붙어 있었다. 혹시 대관비를 할인받을 방법이 있을지 슬쩍 담당자에게 물었다. 출판사 회원이 되면 20퍼센트 할인된다는 답이 돌아왔다. 쿠온은 연간 회비를 낼 엄두가 나지 않아 입회를 미루고 있는 상태였다. 다른 방법은 없느냐고 물었다.

"이 빌딩은 사실 출판사 쇼가쿠칸小学館의 빌딩이니 쇼가쿠칸 사장님께 직접 상의해보세요."

음, 이 말은 자신이 할 수 있는 것은 더이상 없다는 뜻이다. 이럴 때는 순순히 물러나는 수밖에 없다.

우선 (비용은 잠시 제쳐두고) 공간은 확보되었고, 이제 '누가 그곳에서 독자들을 맞이할 것인가'를 고민할 때였다. 한국문학을 좋아하는 일본 독자들을 만나야 할 곳은 물론 일본의 출판사들 아니겠는가. 그런 맥락에서 한국 책을 번역출판한 일본 출판사 열네 곳에 연락해 참가사를 모집해보기로 했는데, 쿠온을 비롯해 쇼가쿠칸, 슈에이샤集英社, 하쿠스이샤白水社, 이와나미쇼텐岩波書店, 지쿠마쇼보筑摩書房 등 일본의 내로라하는 문예 출판사들이 기꺼이 참여의사를 밝혀주었다.

그다음으로 섭외할 곳은 한국 서점이었다. 책거리는 도쿄에 존재하는 한국어 책 서점, 한국어 원서를 독자들에게 소개하는 한국 서점이 이 페스티벌에 오는 것은 어찌 보면 당연했다. 그렇게 시집 전문 책방 위트 앤 시니컬, 땡스북스, 문학 전문 책방인 고요서사 등 한국 동네서점들도 이 행사에 참여하게 되었다. 독특한 큐레이션으로 일본에서도 많이 알려진 서점들이다.

이참에 책 이외에 한국문화도 함께 소개해볼까? 책거리는 한국적인 잡화도 손님들에게 선보이는 곳이니까. 우리는 그길로 보자기 선생 최희주씨의 공방도 섭외했고, 책거리 멤버들에게 커피 내리는 법을 알려준 유미씨도 행사장에서 떡과 커피로 손님들을 맞기로 했다.

마지막으로 공수해야 할 것은 다름 아닌 프로그램이었다. 물건만 판다면 그것은 시장에 불과하니, 시간을 유익하게 만들어줄 프로그램이 필요했다. 오, 그건 책거리가 제일 잘하는 일이지요. 책을 엮는 사람과 책을 사는 사람이 모인 자리에 책을 쓰는 사람이 빠질 수는 없는 노릇. 우리는 소설 쓰는 이기호 작가와 『우리에겐 언어가 필요하다』의 이민경 작가에게 일본 독자들을 상대로 강연을 청했다. 두 분 다 흔쾌히 자리를 빛내주시기로 했다. 이로써 명실공히 작가, 출판사, 독자가 함께하는 축제 자리가 준비되었다.

축제란 원래 축제 당일보다 그 당일까지 기다리고 준비하는 과정이 더 신나는 법. 하지만 처음 하는 일이니 당연하게도 K-BOOK 페스티벌 역시 축제를 만들어가는 과정 자체가 스펙터클했다. 시간이 흘렀고, 말이 좋아 '스펙터클'이지 쉬운 일은 하나도 없었다. 그럴 때 중요한 것은 일하는 사람들의 마음을 하나로 조율하는 것이다.

일할 때 항상 세 가지를 함께하는 팀원들과 공유한다. '이왕 하는 거, 멋지게' '이왕 하는 거, 즐겁게' '이왕 하는 거, 기분좋게'. 사실 여기서 페스티벌의 생명력을 좌지우지하는 것은 '멋지게'다. 처음 해보는 것이야말로 멋지게 해내야 할 필요가 있다. 그래야 2회째가 수월하거든.

그 '멋지게'라는 것은 물론 시각적인 멋에도 해당한다. 큰 이벤트일수록 함께 아이디어를 내고 멋을 만들어갈 디자이너가 중요하다. 그래서 섭외하고 싶은 디자이너들과는 식사도 하고, 차도 마시고, 함께 미술관도 가고, 미팅을 핑계삼아 산책도 하며 정말 많은 이야기를 나누었다. 물론 책을 만들거나 다양한 이벤트를 통해 나와 함께 일해본 사람들이 대다수다. 그들과 시간을 보내며 페스티벌 개최의 필요성을 슬쩍슬쩍 비치다, 어느 정도 마음이 내 쪽으로 기울어진다 싶으면 그때가 타이밍이다. 뜻이 맞는 사람들과 함께 모여 'GO!' 하자고 혼신을 다해 프레젠테이션한다.

돈은 넉넉하지 않지만 이 일을 통해 당신과 내가, 우리가 조금씩 확장될 것이다. 또한 이를 계기로 새로운 클라이언트가 생길 수도 있다. 당신과 함께 더 높은 곳으로 점핑하고 싶다……를 간곡하게 말한다.

사실 나 자신에게 하는 주문 같은 것이기도 하다. 이 주문이 통하는 상대라면, '이왕 하는 거' 3종 세트는 이미 달성했다고 보면 된다. 진심에 진심으로 동해주는 사람들은 대체로 생각하는 것도 비슷하니까.

이후 의기투합한 디자이너에게서 멋진 페스티벌 로고가 탄생하면 회장 이미지와 함께 팀원들과 공유한다. 스마트폰 배경화면으로도 설정하고, 사무실 화이트보드와

내 책상 앞면에도 붙여놓고, 작게 복사해 그 시기의 책꽂이로도 쓴다. 자꾸 보아야 프로젝트가 내 몸의 일부가 되기 때문이다.

 그렇게 '페스티벌 인간'이 된 내가 맡은 가장 큰 일이 있다. 다름 아닌 "우리가 페스티벌을 엽니다!"라고 떠벌리고 다니는 일이다. 이 시기에 만나는 사람들마다 "이런 일을 꾸미는데 또 어떤 게 있으면 재미날까요?"라고 툭 질문한다. 그냥 "우리가 이런 저런 요런 것들을 준비했습니다"라고만 말하면 단순히 페스티벌 선전으로 끝나지만, 그들에게 슬쩍 아이디어를 물으면 다들 눈을 반짝이며 하나둘 자기 생각을 말해준다. 출판계란 무릇 콘텐츠 업계, 기획 업무의 연속인 곳이다. 그들에게 당장 실무에 옮기지 않을 기획, 그것보다 재밌는 일이 없다. 그런 성향의 사람들이 바글바글한 곳임을 알기에 '뭘 하면 재밌을까?' 하고 물꼬만 터주면 마치 당신들의 일처럼 각종 아이디어를 쏟아낸다. 그중에서 실제로 실현가능한 일은 언제나처럼 내가 눈앞에서 바로 진행시킨다. 함께 만들어가는 기분을 느끼게 해주면 페스티벌은 자기 아이디어가 실행되는 자리가 되고, 그것은 더이상 그저 '남의 축제'가 아니라 '우리의 축제'가 된다.

 모든 준비가 끝났다면, 이제 모두의 축제를 시작할 때다. 아, 그전에 물론 출판클럽빌딩 대관비를 해결해야겠지만…….

책이 연결해주는 것

　책거리에는 단순히 한국어 책을 사려는 독자들만 모이지 않는다. 일본에 한국 책 실물을 분야별로 만나볼 수 있는 곳은 아직 책거리뿐인지라 일본의 출판관계자들도 많이 찾아주신다. 그렇기에 한정된 공간에 책을 들일 때는 독자들에게 팔 책도 책이지만, 번역출판이 되면 좋을 책들을 구비하여 선보이고자 한다. 오프라인 공간뿐 아니라 온라인에서도 그 전략은 똑같이 적용된다. 책거리 SNS는 물론, 한 달에 두 번 발행하는 자체 레터인 '책거리통신'도 두 마리 토끼를 잡기 위해 치밀하게 구성한다.

책거리통신을 발행한 날에는 재미있는 현상이 벌어진다. 우선 레터에 소개한 책 주문이 인터넷 사이트로 많이 들어오는 것을 실감할 수 있다. 아침에는 이 업무로 바쁘다. 오후에는 진보초 소재의 여러 편집자들이 책거리통신에 소개된 책을 보여달라고 하나둘 찾아온다.

가게를 하다보면 이 사람이 물건을 살 사람인가, 그냥 돌아보다 나갈 사람인가를 바로 알 수 있다고들 하는데 나는 아직 그 경지까지는 도달하지 않은 것 같다. 하지만 어느 손님을 보고 '업계 사람이겠구나' 하는 정도는 감지하게 되었다. 대단한 후각이 있는 것은 아니다. 세 가지 정도의 연속 특성이 있을 뿐이다. 첫째, 커다란 가방보다는 천으로 된 에코백을 들고 있다. 둘째, 가게를 일단 한 바퀴 천천히 돌아본 다음 관심 가는 책장에 오랫동안 머문다. 셋째, 머물면서 무엇을 하느냐, 스마트폰 번역 앱으로 한 권 한 권 표지를 스캔한다. (아, 책거리는 '사진과 동영상 촬영 가능, 그걸 SNS로 알리는 것도 대환영'이라고 조그맣게 써붙여놓았다. 일본의 서점들은 대개 저작권상 촬영을 금지하는 곳도 많다. 특히 만화책이 주력인 책방일수록 규제가 많다.) 세 조건을 모두 달성한 사람이면 상황을 지켜보다 바구니를 가리키며, "가방은 여기에 넣고 편하게 보세요" 하면서 말을 건다. 그리고 "출판사에서 일하시나요?"라고 덧붙이면 거개가 깜짝 놀라며 그렇다고 답한다. 책거리 3년이면 출판사 직원을 알아챈다!

대화가 시작되면 어떤 분야의 책을 담당하는지, 최근 관심분야가 무엇인지 묻기도 하면서 자연스럽게 "이런 책도 있는데 어떠세요?"라고 제안도 한다. 책거리의 숨겨진 '본캐'는 사실 한일 출판에이전시다. 책방을 차려 편집자들이 직접 찾아오게 했으니 이 공간을 양껏 활용해야 하지 않겠는가! 이렇게 만난 편집자들과는 매년 6월 서울국제도서전에 함께 방문해 한국 출판사와 서점을 도는 투어를 실시하기도 한다. 오롯이 함께하는 시간이 많아지면, 비즈니스 관계를 넘어 동료로서 유대하며 정을 나누는 사이가 된다.

그렇게 시작된 인연으로 쇼가쿠칸의 편집자 가토 유키 씨가 있다. 아홉 살 여자아이의 감정표현을 그림과 함께 사전 형태로 소개한 『아홉 살 마음 사전』을 일본에 번역 출판한 편집자로, 어린이책을 담당하다가 성인 단행본으로 분야를 옮겨 이제 그 어떤 책도 다 만들 수 있다며 좋아하던 언니다. 가토씨는 실제로 '그 어떤 책'도 만들어낸 편집자다.

그 어떤 책이란 소설 『벗』이다. 2020년, 북한의 소설가 백남룡이 쓴 『벗』이 미국에서 번역된 후 미국도서관잡지 《라이브러리 저널》이 선정한 최우수소설로 꼽혀 큰 화제를 일으켰다. 한국에서는 2018년에 출간되었는데, 이때는 문재인 대통령 취임 시절로 북한 관련 이슈가 여느 때와 달리 한국이나 일본에서도 부드럽게 다뤄졌었다. 이 책을 책거리통신에서 소개하자마자 가토씨가 관심을 보였다. 쇼가쿠칸에서 출간하자고 함께 의기투합했지만, 저작권 해결뿐만 아니라 번역가를 찾기도 어려웠다. 모두가 북한 소설에 관심은 높지만 북한과 관계된 일을 하기 꺼리는 분위기였다. 그러다 어렵사리 찾아뵌 북한연구자이자 번역가인 와다 도모미씨가 이 책의 번역을 맡아주었다.

책은 수많은 고난을 겪고 무사히 나와 많은 이들로부터 축하인사를 받았다. 발행은 쇼가쿠칸에서 맡았지만 재일교포들이 책거리까지 찾아와 중개를 맡은 우리에게 고맙다고 인사를 남겼다. 언젠가 한번은 불고기집에 갔는데 사장님이 고맙다면서 밥값을 받지 않겠다고 한 적도 있다. 일본에서 가장 큰 출판사에서 정성이 느껴지는 아름다운 표지로 잘 만들어지도록 도와줘서 아주아주 기쁘다고 하셨다. 언제든지 와서 불고기를 잡수라는 말도 함께였다.

일본의 재일교포들 가운데는 '재일조선인' 즉 북한에 가족이 있는 분들이 많다. 북한 체제를 옹호하는 것이 아니라 가족이 있어 북한을 걱정하는 사람들이다.

『벗』을 기점으로 나는 내가 하는 일의 영역을 단순 '한국 책'을 일본에 소개하는 것에서, '한글로 쓰인 책'을 일본에 소개하는 것으로 조금 확장해가기로 했다. 한글을 쓰는 곳은 한국, 북한, 중국의 조선족이 있다. 나는 『벗』 이후 연변에서 발행되는 잡지도 읽고 있다. 좋은 것을 알리고 싶다는 내 진심에 가토씨가 동조해주었기에 가능한 일이다.

아, 그렇네. 가토씨는 쇼가쿠칸의 베테랑 편집자고, 출판클럽빌딩 대관비를 저렴하게 조율해주실 분은 쇼가쿠칸의 사장님이잖아. 떡 본 김에 제사 지낸다고, 책거리를 방문한 그녀에게 사장님을 소개해달라고 부탁해보았다.

하지만 워낙 큰 회사라 그녀 역시 사장님을 일대일로 만난 적이 없어 쉽지는 않겠단다.

"어려운 것은 알지만, 쿠온의 사장이 쇼가쿠칸의 사장을 한번 만나고 싶어한다는 말을 전할 수는 있지 않나요? 부탁합니다!"

내 말에 가토씨는 알겠다고, 하지만 큰 기대는 하지 말라고 덧붙이며 돌아갔다.

우리는 모두 참을 수 있다

 일본 출판계에는 한때 '혐한' 책이 수많은 출판사에서 발행되어 베스트셀러가 되던 시절이 있었다. 이명박 대통령이 독도를 방문했던 2012년부터였을 것이다. 한류 붐으로 한국드라마와 K-POP을 더 가까이 즐기기 위해 한국어를 배우고 한국을 여행하던 이들에게는 상당한 타격이었다. 아니 한국어 교실, 한국 레스토랑을 운영하는 사람들에게는 사활이 걸린 문제기도 했다. 지구 반대편의 뉴스가 실시간으로 읽히는 시대다. 일본이 더이상 일본사람들만 사는 곳도 아니다. 한국 정치가들의 발언은 일본에 사는 우리들에게 정말 큰 영향을 미친다. 독도는 두 나라 국민에게 큰 상징이다. '해낼 수 있는 것은 바로바로 해내자'가 모토인 나조차 척척 흑백을 가려내 모든 것을 논스톱으로 정리정돈하는 것만이 능사는 아니라고 생각한다. 즉각적인 호응을 얻고자 내뱉은 권력자의 말 한마디가 타지의 국민에게 나비효과를 일으키는 사안이라면 생각하고 또 생각하고, 더 생각하고 시간을 들여야 한다.

출판계뿐만이 아니라 각종 미디어에서도 '한국 때리기', '북한 때리기'가 이어졌다. 혐한이 아니라 '금禁한'이라는 단어까지 써가며 이제 한국은 필요 없다는 논조의 특집기사를 실은 주간지마저 있었다. 쇼가쿠칸이 발행하는 《주간 포스트》의 2019년 9월호였다. 《주간 포스트》는 삼사십대 남성 대상의 종합지로 스쿠프scoop ■에 힘을 쏟는 매체다. 일본에서 손꼽히는 대형출판사의 주간지에서 금한이라는 단어를 사용할 줄이야. 이 기사를 처음 봤을 때의 충격은 지금도 생생하다. 착잡한 마음도 잠시, 이 기사가 나오자마자 일본의 양심들이 대거 일어났다. 저명한

■ 언론매체에서 타 매체보다 앞서 기사를 가장 먼저 보도하는 것.

사상가인 우치다 다쓰루 교수를 비롯해 지식인들이 우후죽순 《주간 포스트》를 대상으로 반대 성명을 냈다. '《주간 포스트》에 글을 싣지 않겠다'는 작가들부터 아예 '쇼가쿠칸에서 낸 책을 빼겠다'는 작가들도 있었다. 한데 모여서 데모하지 않는 나라로 알려진 일본이지만, 이런 강력한 힘을 구사하는 이들도 있다.

"혐한 책은 팔지 않겠습니다"라고 선언하는 서점들도 생겨났다. 점차 많은 서점들이 선언을 이어가며 모두와 연대했다. 선한 행동은 악한 행동보다 훨씬 더 전파력이 크다. 곧이어 약간의 시간차를 두고 혐한 책을 만들지 않겠다고 선언하는 출판사들도 생겼다. 서점과 출판사가 마음을 합쳐 한국 관련 특별 코너를 만들기도 했다. 나 역시 한국문학을 내는 출판사 몇 곳과 함께 한국문학 페어를 열어 뜻을 함께했다.

일률적으로 하나의 색으로만 물들어가는 것은 위험하다. 세계가 진보하고 있는지 퇴행하고 있는지 가끔 헷갈릴 때가 있지만, "100년 단위로 역사를 구분해보면 세계는 후퇴한 적이 없다"는 손아람 작가의 말은 적어도 한일

관계에 있어서는 맞는 말이었다. 그 사실을 목도한 것만으로도 사람과 세계에 대한 믿음을 공고히 할 수 있다.

코로나 시대를 지내며 깨달은 것도 있다. 의지만 있다면 인류는 모두 참을 수 있다. 어느 한 집단만의 이익을 위해 움직이는 사람들조차 '내 집단'이라는 범주를 더 넓힐 수 있다면 이익을 참거나 포기할 수 있는 것이다. 그러니 우리는 서로에 대한, 사람에 대한 기대를 쉽게 저버리면 안 된다. 우리에게는 '이것은 잘못된 것 아닌가' 하고 의심할 수 있는 이성이 있으며, 잘못된 것은 잘못되었다고 말할 목소리가 있다. 집단의 범주를 넓히고, 생각을 키우면 어렵지 않은 일들이다.

든든한 보물

일본 출판계가 《주간 포스트》의 한국 때리기 특집으로 상당히 술렁거릴 때 가토씨로부터 메일이 왔다. 5월에 부탁했던 사장님 미팅 건이었다. 솔직히 잊어버리고 있었다. 미팅이 가능한 후보 일정들 가운데 가장 빠른 날을 골랐다. 날짜를 정하며 장소를 물색하려 했는데, 사장님이 직접 우리 책방으로 오시겠단다.

오가 마사히로 사장님과 가토씨, 《주간 포스트》의 편집장과 편집자가 함께 책거리를 찾아왔다. 《주간 포스트》사람들이 올 줄은 예상하지 못한 터라 놀란 표정을 숨기지 못한 채로 이야기를 나누었다. 주로 한국과 일본의 출판 상황과 일본 내 한국도서 소비 성향에 관한 이야기를 나누었다. 마지막으로 쇼가쿠칸에서 적극적으로 한국의 양서良書도 번역해주었으면 한다고 제안드렸다. 그곳에 자리한 모두가 내 말에 집중해주었고 고개를 끄덕였다. 직접적으로 《주간 포스트》의 '그 기사'에 대한 말을 꺼내지는 않았지만 머릿속에서 각자 어떠한 결론으로 도달하지 않았을까.

그들을 배웅하고 나서야 무언가 까먹었다는 느낌이 불쑥 들었다. 어라, 이 얘기를 하려고 만난 게 아니었는데…… 아이고, 대관비! 사장님을 만나고자 했던 처음의 목표는 '출판클럽빌딩 대관비 조정'이었는데, 그들이 돌아가고 나서야 소기의 목적이 생각났다. 페스티벌은 앞으로 한 달 반 정도가 남아 돈 문제와 함께 해결할 수 있는 일들, 해결될지 어떨지 모르는 일들이 서로 엉켜 있었다.

하지만 엉킨 실은 실마리만 잡으면 어떻게든 풀어지기 마련이다. 그리고 그 실마리는 쇼가쿠칸 사장님이 다시 찾아와주시며 풀리기 시작했다.

다음 날 아침, 책방 문을 열자마자 사장님이 이번에는 혼자 서류를 들고 오셨다. 당신이 이사장으로 있는 일본 아동교육문화재단에 행사 지원금을 신청해보라는 것이었다. 그가 들고 온 서류는 신청서 두 장이었다. 한 장에는 당신이 빨간 펜으로 해당사항을 대략 기입해보았으니 이를 참고삼아 다른 한 장에 직접 써서 내라고 하셨다. 예시로 써보셨다는 신청서 속 금액란에는 출판클럽빌딩을 대관할 수 있는 금액이 정확하게 적혀 있었다. 내가 머쓱해하지 않도록 먼저 손을 내미는, 아름다운 친절로 느꼈다. 나도 훗날 이렇게 다른 사람을 응원해보리라.

사장님은 이후로도 다양한 친절을 보여주셨다. 일례로 K-BOOK 페스티벌을 활성화하기 위해 일본 내 출판사들을 회원사로 둘 사단법인을 만드는 방법을 알려주셨고, 그후로 틈만 나면 여러 출판사 대표들을 데리고 책방을 찾아주셨다. 그러면서 "쿠온은 조그만 출판사지만 우리들이 할 수 없는 일을 오랫동안 해내고 있습니다. 쿠온이 하고 있는 일로 일본어권 독자들의 정서가 풍부해져요. 이런 일은 다 같이 해야 오래갑니다"라며 기꺼이 우리의 입과 손이 되어주셨다.

다테노 아키라 선생님이 나와 한국 출판관계자들을 연결해주신 것처럼, 오가 사장님은 일본 출판관계자들을 연결해주셨다. 그들은 올 때마다 한국문학을 사갔다. 책을 읽는, 책을 사는 사장님들이었다. 오가 사장님을 필두로 지나가는 길에 들렀다고 말하면서 앞서 사간 책의 소감을 들려주는 출판사 사장님들이 많았다. 책방을 열어 만나게 된 든든한 보물들이다.

이런 오빠들이 있습니다

  2018년 진보초에 세워진 출판클럽빌딩. 일본 출판계의 중심인 그곳, 그중에서 새로 단장한 출판클럽 홀에서 한국 도서계의 활발한 모습을 보이고 싶다는 야망이 있었다. 욕심은 늘 큰 비용을 동반한다.

  넓은 공간에서 행사를 진행할 때는 그곳의 대관비가 전체 예산의 큰 부분을 차지하기 마련이다. 보통은 행사 당일 말고도 준비를 위한 전날, 철거를 위한 다음 날까지 대관을 해야 하는데, 우리가 확보한 자금은 끝내 축제 이틀간의 비용뿐이었다. 준비도 행사 시작 당일에, 철거도 행사 종료 당일에 완료해야 한다는 결론이 났다. 암울한 상황이지만 제한된 환경은 또다른 의지를 불태우는 요소가 되어주곤 한다. 행사 시간은 오후 12시부터 오후 5시까지로 하고, 출판사측은 오전 10시부터 세팅 시작, 주최측 스태프들은 당일 오전 8시부터 회장에 들어가 부스 설치를 준비하기로 했다.

책거리와 출판클럽빌딩까지는 걸어서 5분 거리. 축제 당일 노란 티셔츠를 맞춰 입은 자원봉사자 20여 명과 책거리 멤버들이 행사장에서 쓸 보조의자를 비롯해 여러 장비와 장식물을 이고 지고 줄지어 빌딩으로 향했다. 마음이 급했는지 도착하니 오전 7시 45분. 그러나 일찍 왔다고 먼저 들어가서 작업을 시작할 수 있는 것은 아니었다. '계약서상 오전 8시부터 사용이니 기다리라'는 말에 노란 병아리들은 다들 몸을 움츠리고 말았다. 그때였다. 위축된 병아리들 앞에 두 명의 남자가 나타났다. 하쿠스이샤 출판사의 홋타씨와 고바야시씨가 당신네 책을 가득 실은 손수레를 밀며 나타났다. 하쿠스이샤는 책거리로부터 걸어서 7분 거리에 있는 우리의 따뜻한 이웃이다. 그나저나,

출판사들은 우리가 설치를 마칠 무렵에 와달라고 미리 고지해두었는데…….

"왜 이렇게 일찍 오셨어요?"

"8시부터 아닌가요? 아이고, 우리가 시간을 잘못 알고 일찍 왔네요."

마음은 분주한데 고작 15분도 허락해주지 않는 원칙주의에 속상했던 마음이 그들의 넉살에 바로 누그러졌다.

곧 약속의 8시가 되었고, 느긋하게 다른 곳에서 시간을 보내다 돌아오셔도 되건만 두 분은 행사장에 들어서자마자 우리와 한몸이 되어 출판사 부스와 행사장 장식물 설치까지 함께 도와주셨다. 100평의 넓은 회장, 긴 사다리를 타고 높은 천장에 오색종이를 늘어뜨리는 작업도 군말 없이 대신해주셨다. 두 분이 없었다면 어쩔 뻔했는지. 그뿐이랴, 축제 내내 당신들 부스에만 있지 않고 회장을 두루 살피는 두 사람의 모습을 몇 번이나 보았으며, 그들은 행사 종료일에도 출판사 짐을 간단히 꾸린 뒤 끝까지 남아 철거 작업을 함께해주셨다. 두 분은 또다시 사다리를 타고 오색종이와 헬륨이 가득차 천장을 뱅글뱅글 도는 커다란 풍선들을 다 수거했는데, 이 작업이 실은 여성 스태프들끼리 처리하기에는 여간 위험한 일이 아니었다. '덕분에 살았다'는 말을 몇 번이나 했는지 모른다.

그제야 홋타씨와 고바야시씨는 이런 크고 작은 도움이 필요할 줄 알고 처음부터 일찍, 그리고 끝까지 남아 있어주신 거였구나 깨달았다. 내 인망 덕분이라고 말하고 싶지만, 실은 그저 이 행사가 가진 진심을 알아주신 두 분의 인덕仁德 덕분이다. 티 내지 않는 섬세한 마음씨. 서로서로 잘되었으면, 하고 작은 손길을 보태는 사람들이 모인 이 거리에 또 한번 감동받는다.

넘고 넘어,
또 책

2019년에 K-BOOK 페스티벌을 개최하고 그로부터 몇 달 뒤 코로나가 창궐했다. 애써 고생해서 만든 이 포맷을 묵혀둘 수는 없었다. 축제를 지속가능하게 만들기 위해 모두가 사방천지로 뛰어다녔는걸. 어려운 상황이지만 다음 해에도 페스티벌을 멈추지 않기로 했다. 다만 오프라인에서 만날 수 없으니 유튜브 라이브를 통해 온라인으로 개최하고, 이틀 내내 매일 여섯 시간이 비지 않도록 작가, 편집자, 번역가들의 토크 이벤트를 열기로 정했다. 비록 각자의 집 안에서 꼼짝없이 있어야겠지만, 우리는 계속 이어져 있다는 감각을 상기시키고 싶었다.

그렇게 열린 첫 코로나 시대의 K-BOOK 페스티벌에서는 다양한 스피커들이 자리를 채워주었다. 가장 큰 인기를 끈 이벤트는 소설 『82년생 김지영』을 만든 한일 디자이너들의 대담이었다. 번역가나 작가를 모시는 프로그램은 많지만 디자이너가 전면에 나서는 일은 드물기에, 한국의 디자이너 최지은씨와 일본의 디자이너 나쿠이 나오코씨가 나누는 대화는 그 자체로 귀했다.

한국에서 130만 부, 일본에서 22만 부가 팔린 조남주 작가의 『82년생 김지영』. 일본판은 얼굴 없는 여성의 앞모습이, 한국판은 여성의 뒷모습과 그림자가 인상적인 표지다. 책의 본문 한 글자 한 글자에 작가와 편집자의 철학이 담긴다면 책의 표지, 띠지, 글자 크기, 종이 재질, 책갈피 등 모든 요소에는 디자이너의 철학이 담겨 있다.

그 대화에서 가장 신비로웠던 순간은 두 디자이너에게 '마음을 빼앗긴 책 한 권'을 물었을 때였다. 그 질문에 놀랍게도 두 사람 모두 닉 밴톡의 『그리핀 & 사비네』를 꼽았다. 내성적인 일러스트 작가 그리핀과 자유분방한 우표 디자이너 사비네 두 사람이 주고받는 그림과 편지글을 그려낸 책으로, 엽서와 봉투를 본문에 그대로 재현시킨 팝업 그림책이자 소설이다. 일본에서는 1992년에 번역출판되었고 한국에서는 1993년에 번역출판되었다. 수많은 작품들 사이에서 집어든 캐나다 작가의 책을 보며 황홀감을 느꼈을 두 아시아 독자가, 오랜 시간 서로의 존재도 모르고 살다 이렇게 우연히 연결되었다. 내가 아름답다고 느낀 것이 남에게도 아름다울 것이라 믿고, 일본으로 넘어와 일하며 이런 행사까지 벌이고 있는 내게 누군가가 "그 믿음, 적어도 틀리진 않았다"고 말해주는 순간이었다.

그다음 해인 2021년의 테마는 코로나를 넘어서자는 바람을 담아 '넘고 넘어'로 정했다. 모두가 진심으로, 진정으로 이 시기를 넘어서야 했다. 이병률 시인이 이 표어를 손글씨로 써주었다. '넘' 자가 아주 커 정말로 코로나를 훌쩍 넘어설 기운으로 가득했다. 덕분에 전단지와 웹사이트에도, 각종 SNS는 물론 봉투에 붙이는 스티커에도 '넘고 넘어'가 붙었다.

코로나는 우리를 온라인에서라도 만나게 해주었지만 출판사의 책들을 현장에서 팔 수 없다는 것이 온라인 페스티벌의 맹점이었다. 하지만 그 아쉬움을 느끼자마자 곧바로 '페스티벌 온라인 숍'을 열면 된다는 해결책이 튀어나왔다. 아쉽다고 한숨 쉬었던 시간은 1분도 채 안 되었다. 우리는 더 나아가 전국 서점에 'K-BOOK 페어'를 제안하기로 했다. 우리가 회의장에서 '책방'을 재현하지 못하는 것은 아쉬운 일이지만, 이미 전국에서는 수백수천 개의 서점이 있지 않겠는가. 페스티벌 프로그램도 물리적 공간을 탈피해냈으니, 판매 장소도 한정된 곳일 필요가 없었다. 우리가 서점들에 제안한 K-BOOK 페어란 페스티벌에 출점한 출판사들로부터 출간도서들 가운데 '넘고 넘어'라는 테마에 가장 가까운 책을 한 권씩 추천받아, 그 책들로 서점에 'K-BOOK 코너'를 만드는 것이다. 무려 200여 서점이 함께하겠다고 손을 들었다.

이듬해에는 'K-BOOK 페어 데커레이션'상까지 만들어 매대 구성을 가장 잘한 서점을 뽑아, 그곳 책방지기와 서울 서점투어를 떠나는 이벤트를 진행하기도 했다. 재미있는 일은 재미있는 일을 불러낸다. 그 투어로 최인아책방의 최인아 사장으로부터 '손님을 어떻게 책방으로 오게 하는가, 우리는 왜 책방에 가야 하는가'에 대한 강연도

들었고, 책방오늘에서는 무려 한강 작가와 함께(한강 작가가 직접 책방을 운영하던 시기였다) 맞은편 찻집에서 차를 마시며 책 이야기도 나눌 수 있었다. 책방오늘을 방문하는 것은 서프라이즈였기에, 그해 두어 낭사자였던 히마부책방의 쓰지카와씨는 이 시간을 영원히 잊지 못한다고 자신의 SNS에 감상을 남기기도 했다. 나 역시 오래도록 기억할 시간이었다.

2020년부터 2022년까지 모두가 그저 견뎌야 하는 시간이었다. '언제까지'라는 기약 없이 마냥 버텨야 했던 그 시기를 우리는 책으로 건넜다. 사람을 만날 수 없으니 책으로 사람을 찾아 나섰고, 페스티벌은 그렇게 외딴 섬처럼 고독을 견디는 우리를 연결해주었다. 책 속에 길이 있다는 말을 믿으며, 책으로 인연이 맺어진다는 것도 절감했다. '한국'을 주제로 삼은 책으로 페스티벌을 개최하겠다고 결심했을 때의 첫 목적은 한국 책의 번역출판을 확대하겠다는 것이었지만, 이 축제를 7년째 이어오며 드는 생각은 일본어권 독자들이 책으로 삶이 조금이라도 풍요로워졌으면 하는 마음이다.

"그럼요, 할게요"가 만들어내는 세계

"할멈의 표현대로라면, 책방은 수천수만 명의 작가가 산 사람, 죽은 사람 구분 없이 다닥다닥 붙어 있는 인구 밀도 높은 곳이다. 그러나 책들은 조용하다. 펼치기 전까지 죽어 있다가 펼치는 순간부터 이야기를 쏟아낸다. 조곤조곤, 딱 내가 원하는 만큼만."

_손원평, 『아몬드』, 143쪽

2021년 11월 21일, 일요일 12시. 코로나로 인해 K-BOOK 페스티벌의 온라인 스튜디오가 된 쿠온 편집실에 배우이자 가수인 고이즈미 교코가 왔다. 그녀는 손원평 작가의 소설 『아몬드』를 손에 들고 읽어내려가기 시작했다.

앞선 같은 해 5월, 책방을 돌며 진행하는 고이즈미씨의 팟캐스트 프로그램 제작진이 책거리를 찾아주었다. 먼저 나와 대담을 하고, 소설 『토지』의 공동 번역가인 요시카와 씨와 대담해서 총 2회분을 녹음하는 동안 그녀는 줄곧 한국문화와 문학에 깊은 관심을 보였다.

1980년대에 가수로 한 획을 긋고 배우생활을 시작한 고이즈미 교코는 소문난 애독가다. 《요미우리신문》의 독서위원으로 서평을 써오기도 한 일본의 북 인플루언서다. 반신욕하는 욕조에서도, 이동중인 신칸센에서도 틈만 나면 책을 읽는다던 그녀는 서평을 위해 문장을 기억하고 그걸 읽은 순간의 기억을 생생하게 전달하는 것이 훈련되어 있다고 했다. 그 덕분인지 그녀의 서평은 언제나 단독으로 화제성을 견인해낼 정도로 영향력이 크다.

대담이 끝나고, 아직 녹음이 끝나지 않았을 시점에 '올해 11월에 있을 K-BOOK 페스티벌에도 나와줄 수 있냐'고 넌지시 물었다. 그녀는 흔쾌히 그리하겠다고 답했다. 어느 정도는 인사치레일 거라 생각했는데, 추후 그 부분이 잘리지 않고 라디오에 그대로 송출된 것을 확인했다. 오, 이 정도면 진심이 담긴 승낙 아닌가? 기회 포착에 강한 사사키씨와 나는 9월에 들어서자 고이즈미씨에게 정식으로 페스티벌 출연을 요청하였고 그녀는 바로 OK 사인을 보내주었다. 이후 사전미팅을 위해 또 한번 책거리를 찾아주었고, 그때는 K-POP에 깊은 관심을 보이며 BTS에 관한 책을 여러 권 구입해갔다.

대망의 11월 21일, 가방 두 개에 가득 채워온 책들을 테이블에 하나하나 펼쳐놓고 그녀는 아주 자연스럽게 토크를 시작했다. 주제는 80년대에 가본 한국 이야기부터 그 시절 자신의 팬들 이야기 그리고 지금의 한국문학 이야기로 넘어갔다. 라이브의 하이라이트는 고이즈미씨의 낭독이었다. 그녀는 낭독에 앞서 바리바리 싸온 열 권 남짓한 책들을 한 권 한 권 쓰다듬으며 마치 책에게 말을 걸듯 소개했다. 그 소개가 얼마나 애틋했는지 방금 소개한 도서 리스트들을 따로 게시물로 올려달라는 시청자들의 실시간 요청이 쇄도했다.

그녀는 처음 읽은 한국소설이었다는 정세랑 작가의

『피프티 피플』과 박민규 작가의 소설『카스테라』의 일부를 낭독했다. 다음으로 나태주 시인의 연시「전화선을 타고」를, 마지막으로 손원평 작가의『아몬드』도 소리 내어 읽어주었다. 마지막 낭독 도서였던『아몬드』를 듣고 앞선 구절을 읽을 때는 정말 깜짝 놀랐다. 내심 읽어주었으면 하는 구절을 그대로 읽어주었기 때문이다.

『아몬드』는 2020년 일본서점대상 번역 부문 1위를 했다. 전국 서점 직원들의 투표로 결정되는 일본서점대상은 인기의 척도를 알 수 있는 일본 내 중요한 출판계 시상식이다. 서점 직원들은 아마 이 부분을 읽으면서 한 표를 던졌을 터다. 손원평 작가의 말마따나 책방은 인구밀도가 높은 것만이 아니라 시공간이 오픈된 무한지대이기도 하다. 책을 좋아하는 사람, 책방을 좋아하는 사람, 책방을 운영하는 사람이라면 가장 공감할 '책방의 정의'였다. 나 역시 저 부분이『아몬드』에서 가장 좋아하는 구절이다. 고이즈미씨 역시 마찬가지였나보다.

국적이나 연령과 상관없이 책이라는 매개체를 같은 감각으로 받아들이고 애정하는 사람들과 나누는 대화는 귀하다. 좋아하는 것이 같다는 것만으로도 사람은 신뢰가 생긴다. 사사키씨와 주고받는 대담 속에서 그녀 역시 우리를 신뢰하는 것이 느껴졌다. 라이브 마지막에 그녀가 먼저 여러 책방지기들과 함께 연대해 큰 이벤트를 열어보자고 제안해왔다. 오오오, 암요, 그럼요. 하고말고요.

그로부터 또다시 4년이 지난 2025년 3월, 드디어 고이즈미씨를 주축으로 시부야에서 책방페스티벌이 열렸다. 물론 책거리도 참가했다. 책거리도 동참해달라는 제안 메일이 오자마자 너무 신이 나서 곧바로 느낌표를 잔뜩 찍어서 "참가합니다!!!"라고 답했다. 이어서 넌지시 네 달 뒤가 책거리 10주년임을 알리며 맞교환하듯 이벤트 섭외를 요청하자 나와 마찬가지로 곧장 하겠다는 답장이 왔다. 책거리를 아껴주는 이들이 점점 늘어간다. 참으로 고맙고 기쁘다.

오고가는 제안 속에서 책거리의 세계는 더 풍성해지고 촘촘해진다. 내가 열심히 걸어간 만큼, 그 보폭만큼 넓어지는 세계다. 그 출발선을 만들어준 또다른 감사한 인연이 있다.

"작가님의 원고를 받고 싶어요. '거리'라는 테마로 글을 써주셨으면 해요."
"아, 그래요? 마감일을 알려주시면 맞춰서 보낼게요."

"작가님의 작품으로 1년 동안 매달 독서회를 열려고 해요. 마지막 달에는 작가님 작품을 번역하신 분들을 모셔서 토크 이벤트를 열고…… 그다음 프로그램에 작가님을 모시고 싶어요!!"
"그래요? 좋네요. 그렇게 할게요!"

"작가님, 작가님의 단편 「뉴욕제과점」을 낭독해주셨으면 합니다."
"한번 해볼게요."

쉴 새 없이 기획하는 이벤트 가운데 나 혼자 할 수 있는 것은 거의 없다. 결국 여러 사람들을 끌어들여야 한다. 그러니 나는 늘 부탁하는 사람이다.

이벤트는 결국 부탁으로 시작된다. 이벤트 건수가 많다는 것은 곧 부탁 건수가 많다는 것, 당연히 거절도 많다.

메일이나 전화로 하든 대면을 하든, 누군가에게 어떤 것을 부탁할 때는 기승전결을 바탕으로 공들여 탑을 쌓아야 하니 에너지가 제법 필요하다. 그런데 나는 유독 거절을 당하면 순식간에 온몸에서 힘이 빠지고 세상 다 산 마음이 되어 몸과 마음을 추스르지 못하는 특이한 체질이다. (실은 누구나 그런 것일까?) 그래서 거절을 당하지 않는 비법을 늘 궁리하는데…… 나 같은 사람을 위하여 비법을 공개해보겠다.

거창하게 말했지만 사실 별거 없다. 그저 '한 사람에게 다양한 부탁을 하는 것'이다. 오늘은 A가 가능한지 물어본다. 만약 고사하면 다음번에 B를, 또다시 고사하면 다다음에 C를 물어본다. 다른 일이 아니어도 된다. 올해 이벤트에 모시고 싶었는데 안 되면 내년에, 혹은 그 이듬해를 문의하는 식이다. '아님 말고'로 섭외를 남발하라는 것이 아니다. 시간차를 달리해 제안을 누적하는 것이다. 게다가 그분과 함께하고자 하는 마음만 가지고는 안 되고, 그 제안에는 꼭 그분이 해야 하는 이유가 같이 있어야 한다. 그 이유가 그에게 설득력이 있다면, 그리고 제안이 제법 누적되었다면 승낙을 받을 확률은 곱절로 뛴다.

사실 앞서 나왔던 세 종류의 부탁 예시는 김연수 작가와 나의 대화다. 이분은 늘 이렇게 빼지도 않고 선선하게 늘 "그래요! 해볼게요"라고 답변을 주신다. 이 대답은 대단한 힘을 발휘한다. 뭐라도 할 수 있게 만드는 힘.

그와 함께 만든 세계가 있다. 일본에서 불고 있는 '한국문학은 재미있다'는 세계. 이 세계를 가장 먼저 함께 만들어준 김연수 작가가 항상 고맙고 자랑스럽다.

유쾌한 유우키 씨

코로나를 물리친 2023년, 우리는 다시 출판클럽빌딩을 빌려 오프라인 페스티벌을 열었다. 4년 만에 돌아온 대면 행사에, 신간 발행일을 이때로 맞추어 작가들을 모시는 등 개별적인 이벤트를 준비하는 출판사들이 많았다. SNS는 '#한국' '#책' '#페스티벌' 등의 해시태그로 9월부터 들썩들썩했다. '일본 속 한국'이라는 큰 고리로 느슨하게 묶여 있던 연대가 이때만큼은 바짝 가까워지는 느낌이다. 페스티벌에 참가하겠다는 출판사들이 늘고 심지어 한국 출판계 분들의 참가요청도 점점 많아지고 있다. 며칠 전에는 전라남도 구례에서 책방을 운영한다는 분이 페스티벌에 맞추어 도쿄 여행을 계획하겠다는 메시지를 주셨다. 구례까지 이곳의 흥이 전해졌나보다.

"사장님, 페스티벌 때 행사장에서 한국 슈퍼를 운영하면 어떨까요? 제가 슈퍼 사장을 해볼게요."

오사카의 데즈카야마대학에서 한국어를 가르치고 있는 유우키씨가 경쾌하게 말했다. 유우키씨는 한국으로 유학을 갔다가 이후 홍익대학교에서 일본어를 가르쳤고, 귀국한 뒤로는 한국어를 가르치는 선생이 되었다. 그는 홍대 교수 시절부터 자신의 SNS에 한국어 학습 게시물을 올려왔는데, 유쾌하고 쉬운 교수법으로 학습자들 사이에서 인기가 많다. 유우키씨가 서울에서 지내던 시절, 그가 트위터(현 X)에 올린 글을 보고 내심 반했던 적이 있다.

"문재인 대통령이 '국민 여러분' 할 때 나는 외국인이라는 것을 온몸으로 느끼나 박원순 시장이 '서울 시민 여러분' 하면 나는 당당히 서울 사람이 된다."

해외에서 지내며 느꼈던 자신의 정체성과 카테고리를 유쾌하게 표현한 짧은 문장이었다. 그랬던 그가 지금은 오사카에서 한국어를 가르치고 있다는 사실을 그의 활발한 트위터 활동 덕에 알게 되었다.

"한국에서 지낸 시간 가운데 트위터에 쓴 2년분을 책으로 냅시다."

도쿄역 장어집에서 그를 만나 비싼 제안을 건넸다. 그는 일본으로 돌아와 느낀 것도 있다며 한국 이야기에다 그 부분까지 더해 출간하고 싶다고 답했다. 더욱 깊어지는 기획에 좋다고, 추가될 부분은 쿠온 웹사이트에서 연재해달라 청했다. 일이 일을 부르는 패턴이 또 일어났다.

이렇게 맺어진 인연으로 유우키씨는 도쿄에 올 때면 매번 책거리에 들러주었다. 일종의 홍보활동이었다. SNS 대왕 유우키씨가 "책거리에 갑니다"라는 게시물을 올리면 그날 책거리는 유우키씨를 보려는 이들로 가득했으니까. 다만 문제는 이들이 전혀 책을 사지 않는다는 점이었다. 빵집에서 빵을 사듯 책방에서는 책을 사야 하거늘……. 본인으로 인해 가게가 복닥복닥하지만 '매출 제로'라는 괴리를 알게 된 유우키씨가 다음번에 책거리에 올 때는 유료 이벤트를 열어보면 어떻겠냐고 물었다. 그의 아이디어는 '한국어로 말하는 시간!' 프로그램이었다. 즉 책거리에 입장료를 내고 들어오면 한 시간 동안 사람들과 한국어로 프리토킹을 하는 것이다. 물론 유우키씨가 테이블을 놀면서 이색한 한국어를 잡아주는 등 원 포인트 레슨이 포함된 시간이다. 당연히 반응은 폭발적이었다.

이처럼 늘 유연하게 모두가 행복한 지점을 콕 집어내는 그가 자진해 페스티벌에서 한국 슈퍼마켓 사장님이 되겠다고 말한 것이다. 슈퍼 사장님, 당연히 하셔야죠! 그리하여 신오쿠보에 있는 진짜 '서울슈퍼'에서 과자와 음료수들을 무료로 지원받아 '진보초 한국 슈퍼'가 이틀 동안 문을 열게 되었다. 유우키씨는 행사 당일 야구모자와 선글라스, 잠바를 입고 나타나 슈퍼마켓 아저씨 코스프레를 완벽하게 해냈다. 어깨에 휴대폰을 끼우고 통화하면서 동시에 물건값을 계산하는 것까지 흉내냈고, 이 잔망스러운 모습은 SNS를 통해 전 세계로 소개되었다.

유우키씨와는 결국 '트위터 책'을 내지 못했지만(출간이란 이렇게나 변수가 많다) 대신 유우키씨의 유학 시절 지도교수였던 로버트 파우저 교수가 쓴 『외국어 학습담』을 번역해 출간했다. 파우저 교수는 한국어로 여러 권의 책을 집필하신 분이다. '미국인이 한국어로 쓰고, 일본인 제자가 일본어로 번역해 한국인 사장이 운영하는 출판사에서 나온 책.' 한 권의 책에 이런 스토리를 은연중에 심어주는 것도 마케팅에 도움이 된다. 이 책은 내용도 좋아 나오자마자 바로 중쇄에 들어가기도 했다.

   그와 K-BOOK 페스티벌의 인연은 그다음 해에도 계속되었다. 2024년의 주요 작가는 정세랑 작가로, 우리는 행사의 오프닝과 클로징까지 그녀와 함께하는 영광을 얻었다. 오프닝을 '정세랑 팬클럽 모임'처럼 진행할 예정이라고 말하자 우리의 유우키씨가 또 손을 들었다. 유우키씨는 매주 일요일 밤 9시, 300여 명의 독서회 회원들과 1년에 걸쳐 책을 읽는데 그 목록 가운데 『피프티 피플』이 있었다고. 현명하고 재밌는 유우키씨 덕분에 오프닝 분위기는 그야말로 축제의 서막 그 자체였다. 일을 잘하는 것을 넘어 좋아서 하는 사람들과 함께할 수 있다는 것은, 그런 사람이 유쾌하기까지 하다는 것은 동료로서 생각보다 정말 큰 행운이다.

계속 일을 벌이는 이유

 책거리는 한국 책을 파는 서점으로, 3일에 한 번꼴로 책과 관련된 행사를 꾸준히 열고 그 실황을 온라인에서도 공개해 멀리서나마 이 현장을 체험할 수 있도록 돕는다. 행사 참여비와 그후 이어지는 도서 판매금으로는 또 다른 한국도서를 번역출판한다. 나름의 순환구조를 만든 셈이다.

 누군가는 들어가는 노력과 품에 비해 수익성이 낮지 않냐고, 책을 판매하는 서점의 역할에만 집중하는 것이 낫지 않겠냐고 말하지만 10년째 이어지는 이 구조의 의도는 따로 있다. '당장 돈을 못 벌어도 유지되는 시스템을 만든다'는 것. 즐거운 행사를 자주 열면 팬이 생기지 않겠는가. 문학을 좋아하는 사람들을 조금씩 늘려가는 것이 우리의 목표다. 좋은 게 널리 알려지고, 책이 팔리면 다음 책이 만들어지니까.

이것을 조금 거창하게 말하자면 시장을 키우는 일이다. 일본에서 한 해에 출간되는 도서는 대략 7만 5000권이다. 그중 해외번역서는 10퍼센트도 안 되는데, 그 안에서 80퍼센트가 영미권 도서고 그 나머지를 한국, 이탈리아, 프랑스가 나눠가지고 있다. 그러니 아직 시장을 더 늘릴 수 있다고 생각했을 뿐이다.

일본에서 '책을 좋아하는 사람'을 계속 만들고 싶다. 그중에서도 한국 책을 좋아해줬으면 좋겠다. 그러니 우리는 계속 시간과 돈을 써서 책을 알린다. 번역 세미나를 열고, K-BOOK 페스티벌을 열고, 일본 출판사들을 불러 한국의 좋은 책들을 소개하는 설명회도 연다. 쿠온 출판사에서 모든 한국도서를 다 감당할 수 없으니 쿠온 에이전시라는 통로로 다른 출판사에도 열심히 영업한다.

"그런데, 왜 굳이 경쟁자를 만드나요?"

"우리 출판사만 한국서적을 만들면 시장이 안 커지잖아요. 시장을 키워서…… 우리가 그 한가운데 들어가고 싶거든요."

특히 쿠온은 설립 초창기부터 소설과 시에 집중하고 있는데, '한국문학, 특히 시는 돈이 안 된다. 요즘은 넷플릭스 같은 OTT 채널에 판권이 팔리는 이야기가 대세다'라는 우려도 들었다. 하지만 그때도 내 대답은 이랬다.

"그런 이야기를 좋아하는 사람들은 그걸 알리는 거죠. 근데 저는 시가 좋으니까요."

무언가를 혼자 좋아하며 끝나는 것이 아니라, 그 좋아하는 것을 다른 사람에게 알리고 싶다. 물론 책을 알리는 일이 쉽지는 않다. 모든 책을 다 알리겠다는 욕심은 애초에 없다. 그냥 내가 감동받은 책을 다른 사람들도 읽었으면 좋겠다.

알리는 것으로 멈추지 않고, 더 나아가 또 좋은 것을 만들고 싶다. 어느 나라든 출판업계의 상황은 점점 어려워진다는 말들로 가득하지만, 결국 우리는 좋으니까 만든다. 그리고 그게 팔리지 않는다는 보장도 없고. 책을 소개하고 출간하고 파는 것. 3일에 한 번 행사를 열고, 1년에 한 번 이틀간 큰 행사를 여는 것. 내가 하는 다양한 일들은 결국 계속해서 책을 만들기 위한 구조다. 일단 내놓아야지 사람들이 그걸 보고 "한국 시가 재밌네" 할 테고, 팬이 생기면 또 시장이 만들어질 테니까.

그런 불확실한 것을 어떻게 계속하냐고? 한 분야에서 정점을 찍은 김연아 선수와 소설가 박경리 선생의 말을 빌리겠다. '그냥 하는 거'다. 총 20권의 『토지』를 어떻게 쓰신 거냐고 묻는 질문에 선생은 "그냥 하는 거지요"라고 말씀하셨다. 누구든 무언가를 해내겠다는 마음을 굳게 먹었다면 결과와 상관없이 했을 것이다. 나 역시 실패한 경험이 성공한 경험보다 훨씬 많다. 그런데 결과가 눈앞에 없는 것과 실패는 다르다. 일단 책이 제대로 된 옷을 갖추고 나오면 그것만으로도 성공한 것 아닌가. 거기서 많이 팔리면 더더욱 성공한 것이고.

그러니까, 정리하자면 이 일은 결국 다 좋아서 하는 일이다.

3부 책을 펼치다

쿠온의 기념비적인 책을 만들다

 2024년 가을, 한강 작가의 노벨문학상 수상이 결정되었고 일본에 처음 '한강'이라는 존재를 소개한 우리 출판사도 언론의 주목을 받았다. 한강 작가의 작품은 2007년 쿠온 출판사를 차리게 만든 계기이기도 하다.

 출판사를 차렸으니 당연히 출간 목록을 짜야 했다. 우리는 '새로운 한국문학'이라는 이름으로 시리즈를 기획했고 기념비적인 첫 작품이 바로 소설 『채식주의자』였다. 한강이라는 작가도 그랬지만, 내 출판사는 더더욱 무명이었던 시절. 무명을 유명으로 만드는 일이 나의 일이었다. 아름다움을 알아버린 이들에게 의무가 있다면, 그 아름다움을 주변에 널리 퍼트리는 일. 일본 독자들에게 이 책의 가치를 알리려면 책을 아주 '잘' 만들 필요가 있었다. 책의 완성도는 두말할 것 없으니 최고의 번역가와 최고의 디자이너에게 부탁하기로 마음먹었다.

『채식주의자』는 나무가 되려는 약한 여성이 죽음을 불사하며 폭력을 저지하는 강인한 소설이다. 그러나 문장은 참으로 시적이면서 섬세하다. 이 문체를 잘 살려줄 번역을 김훈아씨에게 부탁했다. 훈아씨는 한국에서 일본문학을 전공했다. 일본으로 유학을 와서 재일여성문학을 연구했는데, 1994년부터 '한일 작가 심포지엄' 일을 도우면서 한국과 일본의 작가들을 두루 잘 아는 분이기도 하다. 믿고 맡기기에 더할 나위 없었다.

그리고 대망의 디자이너. 나는 단언컨대 디자이너 요리후지 분페이씨와 스즈키 지카코씨를 만난 것이 현재 한국문학이 일본에서 두루 사랑받는 첫 단추가 되어주었다고 생각한다. 일본에서 한국문학 전문 출판사를 시작하겠다고 선언했을 때 수많은 이들이 무모하다며 나를 말렸다.

하지만 분페이씨는 달랐다. 함께하게 되어 기쁘다고 해준 몇 안 되는 분이다. 살포시 등을 밀어주는 손길을 받아 지금까지 올 수 있었다. 인생에서 큰 결심을 한 사람에게는 석성보다 웅인이 필요하다.

시리즈의 첫 책이다보니 콘셉트를 잡는 것이 중요했다. 표지에서 한국문학임을 드러내지 않고, 읽고 난 뒤 한국문학이라는 것을 알 수 있게 만들자고 의견이 하나로 모였다. 그렇게 두 디자이너는 양파 일러스트를 가운데 둔, 단단하고도 품위 있는 일본판 『채식주의자』를 만들어주었다. 지금도 회자되는 최고의 디자인이었다고 자부한다. 비로소 쿠온이 정말로 한국문학 전문 출판사가 되는 순간이라는 예감이 들었다. 인쇄소에 파일을 넘기고 이제 책이 완성되기를 기다리는 일만 남았다. 드디어 꿈이 이루어진다는 기쁨에 들떠 있던 내게 예상치 못한 사건이 닥쳤다. 그때가 2011년 3월이었다.

2011년은 어떤 해였나. 동일본대지진으로 인해 일본 경제가, 사회 전체가 '멈춤'의 시간을 가져야 했다. 나 역시 일단 멈춤, 잠시 멈춤, 멈춤…… 기약 없는 멈춤의 시간을 보냈다. 지진과 쓰나미, 원전 피해로 세상이 아수라장이었던 그 시간에 나는 세상에 나오지 못한 『채식주의자』를 생각하며 먹구름에 싸인 나의 미래가 불안해 참으로 우울해했다. 치밀하게 계획을 세워도 자연재해 앞에서는 어쩔 도리가 없었다. 흔들리는 세상에서 지진에 대한 두려움보다 지금까지 해온 작업이 어떻게 될지 모른다는 두려움이 더 컸다. 그와 더불어 원전사고라는 물리적인 위험도 실제로 도사리고 있으니 친구들은 내게 귀국을 권유하기도 했다. 하지만 나는 일본에 남았다. 보이지 않는 것에 지고 싶지 않았다.

전기가 부족해 절전을 생활화하느라 문자 그대로 '어두웠던' 시간을 지나 『채식주의자』는 그해 6월이 되어서야 서점에 놓이기 시작했다. 《교도통신》을 비롯해 《마이니치신문》《요미우리신문》《아사히신문》에서 책을 소개해주었고, 추후 2016년 『채식주의자』로 맨부커상을 수상하면서 한강 작가는 다시금 일본 독자들에게 존재감을 드러내며 성큼 다가갔다. 덩달아 작품 보는 눈이 있다는 칭찬이 쿠온을 따라와 에이전시 업무까지 탄력을 받게 되었다.

한강 작가는 한국을 넘어 아시아 여성 최초의 노벨문학

상 수상자라는 역사적인 획을 그었다. 이렇게 될 줄 알았다는 거짓말은 하지 않겠다. 다만 그녀가 그려낸 세계는 내게 동경과 경외의 대상이었고, 그 감정은 감상으로 끝나지 않고 내가 일본에서 한국문학 전문 출판사를 세우게 만들었다. '좋아한다'는 감정은 이렇게나 강력하다. 종종 사람들은 좋아하는 감정과 싫어하는 감정 둘 중 무엇이 더 힘이 셀까를 논하던데, 내게 그런 것은 논의 자체가 성립되지 않는다. 호好는 무한히 단계를 넘어가며 새로운 것을 만들어내는 데 비해 오惡는 파괴할 뿐 무언가를 생산해내지 못하니까. 창조와 재구성을 이끄는 이 감정이 파괴하는 감정에게 질 리가 없다.

2011년 『채식주의자』를 필두로 '새로운 한국문학' 시리즈가 출범하였다면, 2022년 쿠온 출판사는 또다른 한국문학 시리즈를 기획했다. '한시韓詩' 시리즈다. 첫번째 시집은 『서랍에 저녁을 넣어 두었다』. 김훈아씨와 사이토 마리코씨가 공동 번역을 맡아준 이 책의 저자는 또다시 한강이다. 나는 그녀가 쓰는 모든 문장의 충실한 독자니까.

가라타니 고진

내 수많은 업무 가운데 하나는 한국과 일본 양쪽의 문화인들 섭외다. 주로 한국의 대학이나 기관에서 일본 문화인을 모시고 강연을 열고 싶다는 요청이 오는데, 나는 그 요청을 신속하고 정확하게 그리고 기분좋게 수행한다. 물론 일본 작가들을 모시고 싶다는 요청도 많다. 작가에 따라서는 한국까지 동행해달라는 경우도 있다. 덕분에 소설가 에쿠니 가오리씨, 드라마 작가 노지마 신지씨와는 더 친분이 쌓이기도 했다. 반면 내가 동행을 자처하는 분도 있다.

어느 날 부산대 국문과에서 일본의 문학평론가인 가라타니 고진 선생님을 모시고 강연을 열고 싶다는 요청이 왔다. 인문사상서인 『일본근대문학의 기원』, 『은유로서의 건축』 등 고진 선생님의 저작들은 한국어로도 거의 다 번역되어 있다. 한때 한국 국문학자들의 논문에서 가장 많이 인용되는 외국학자이기도 했다. 그런 고진 선생님은 우리 출판사의 첫 기획도서 시리즈 '한국 조선의 지知를 읽다'에 가장 먼저 응해주신 분이라서 내 인생에서 잊지 못하는 한 사람이다.

쿠온을 차려 고군분투하던 중, 우리 책을 읽는 독자들 가운데 저명한 문화인들이 많은 것을 알게 되었다. 이분들과 개별적으로 만날 방법이 없을까 고민하다가, 『한글의 탄생』 저자이자 언어학의 대가인 노마 히데키 선생님을 편자로 모셔 인문 시리즈를 기획하자는 아이디어가 떠올랐다.

일본 필자에게는 한국과 조선의 지를 어떤 책을 통해 알게 되었는가로, 한국 필자에게는 일본 독자에게 권하고 싶은 한국 책을 소개해달라며 원고를 청탁하는 것이 골자였다. 노마 선생님의 섬세한 지도편달로 300여 명의 리스트가 완성되었다. 꼭 받고 싶은 필자들을 100명으로 추려 1차 메일을 보내고, 답변을 들은 후 그다음 100명에게 메일을 보내는 방식으로 프로젝트는 첫 삽을 뜨게 되었다. 이중에 50명 정도만 원고를 써주면 대성공이다!

 소설가 신경림 - 시인 다니카와 슌타로, 언어학자 가라타니 고진 - 평론가 백낙청, 소설가 신경숙 - 소설가 쓰시마 유코, 극작가 이강백 - 극작가 구라모토 소우, 건축가 승효상 - 건축가 마키 후미히코 등 내가 최고로 여기는 분들, 평소에 존경하고 같이 일해보고 싶었던 분들끼리 짝을 짓고 각각 메일을 보냈다. 그들에게는 물론 전체 메일이 아니라 한 분 한 분 간곡함이 들어간 청탁 메일을 썼다. 나는 나대로 보내고, 조금이라도 연결점이 있는 분은 노마 선생님께서도 지원사격을 해주셨다.

 100명에게 청탁하는 작업은 100권의 책을 내는 작업과도 같다는 것을 나중에서야 깨닫게 되지만 하룻강아지 범 무서운 줄 모르던 때였다. 그러나 하룻강아지는 곧 범도 무섭지 않다는 것을 아주 빨리 알아갔다. 유명하면 유명할수록 그들의 답장은 빨랐으니까. '쓸 수 있다', '시간이 안 되어 쓸 수 없다', '다음 기회에 꼭 쓰겠다'. 누군가를 섭외할 때 가장 힘든 시간은 다름 아닌 답장을 받기까지의 시간이다. 그런데 이렇게 바로바로 답장을 주다니. 쿠온은 생긴 지 얼마 안 된 신생 출판사이고 주로 한국문학만을 낸 출판사인데 말이다. 거절이든 승낙이든 고맙고도 고마운 답변들이었다.

이 프로젝트로 쿠온은 총 148명으로부터 원고를 받아 무척이나 두꺼운 책을 만들었다. 그 첫번째 주인공이 가라타니 고진 선생님이었다. 심지어 기한 내에 쓰겠다고 하셨다. 그렇게 선생님은 이어령 작가의 『축소지향의 일본인』이라는 책에 대해 원고를 써주셨다.

그런 귀인이니 부산대의 강연 요청을 받고 가라타니 선생님께 물어보기 전에 부산대 서민정 교수에게 내가 동행하게 해주십사 요청했다. 그리고 나는 마음속으로 늘 품고 있던 분과 함께하는 시간을 획득했다. 행사 당일 부산대 강연장, 관객으로 들어선 부산의 청년들 사이에서 선생님이 누군가를 알아보고 오랜만에 가족을 상봉하듯이 포옹하고 기뻐하는 모습을 보았다. 강연이 시작하기 전이라 약간의 긴장감도 있으실 터인데 그런 기색 없이 그저 다 큰 아들을 자랑스러워하듯 연신 누군가의 어깨를 다독이며 좋아하셨다. 인문학 서점 인디고 서원의 박영준씨였다. 영문판으로도 만들어 전 세계로 뻗어나가는 '인디고 아이들이 만든 책' 시리즈는 지그문트 바우만 등 세계의 석학들을 직접 인터뷰하여 출간하는 시리즈인데, 필진으로 가라타니 선생님이 있었다. 영준씨는 고등학교 시절부터 이 서원에 다녔고 지금은 멤버로 활동한다고 했다. 가라타니 선생님이 부산에 온다는 소식에 영준씨는 인디고 멤버들과 함께 강연장을 찾아주었다. 나이도 국적도 다른 저자와 편집자의 진한 우정이 펼쳐지는 순간이었다. 참으로 고귀한 순간. 나는 조금 떨어져서 바라보았다.

사람과 사람이 책으로, 문자로 연결된다는 말은 어찌 보면 참 진부한 표현이지만 그 연결이 현실세계에서 구현되는 것은 진부보다는 진리에 가까운 장면이다. 책을 만들고, 때로는 책을 파는 사람이라 목격할 수 있는 현장이다.

사람을 움직이는 이야기

쇼가쿠칸의 오가 사장님이 여느 때처럼 불쑥 책거리에 오셨다. 그의 손에는 기시다 나미 작가의 『가족이어서 사랑한 게 아니라 사랑한 사람이 가족이었다 家族だから愛したんじゃなくて、愛したのが家族だった』(2020)가 들려 있었다. 그는 책거리의 우량 손님이기도 하지만 당신이 읽은 책을 내게 읽어보라고 권하는 독서가이기도 하다.

기시다 작가의 책은 저자가 휠체어를 타는 어머니와 다운증후군이 있는 남동생과 보내는 일상을 풀어놓은 에세이였다. 장애를 가진 가족, 갑작스러운 가장의 죽음 등 애

처롭고 고단한 이야기들이 마냥 가엽지만 않게, 경쾌하고 발랄한 필치로 그려져 잘 만들어진 픽션의 캐릭터를 보는 기분이다. 장애인을 다룬 콘텐츠에서 흔히 보이는 계몽적 서사라든가 장애를 바라보는 사회적 시선, 인프라 결여에 대한 울분 등이 이 책에서는 보이지 않는다. 그저 재기발랄한 문장들 속에 이런 문제의식들이 배경으로만 들어 있다. 문장 속에 다양한 층위가 있고, 읽은 후에 감동이 있는 책이었다. 그래서인지 책을 다 읽었을 무렵 이미 이 책은 베스트셀러 타이틀을 달고 있었다.

나에게 좋은 책이란, 읽고 나서 행동하게 하는 책이다. 한번 더 읽은 뒤 주변에 권하고, 그 책이 일본어 책일 경우 한국의 출판편집자에게 열정 가득한 편지를 써서 번역을 권한다. 물론 그 책이 한국어일 때도 마찬가지로 이 책에 관심을 가져줄 일본의 편집자에게 러브레터를 쓴다. 물론 쿠온에서 출판할 때도 있다. 책거리를 시작한 후부터는 그 책의 저자나 번역가를 섭외해 북토크를 부탁하기도 한다. 좋은 것은 나눠야지.

한국에서 이런 테마로 만들어진 책은 없을까. 나는 장애를 가진 사람이 직접 쓴 책을 찾고 싶어졌다. 좋은 책을 찾아 일본의 편집자들에게 소개하고 싶다는 마음으로 비슷한 한국 책을 찾아보기 시작했다. 장애를 가진 이가 직접 쓴 자전적 이야기이지만 보편적인 이야기…… 김원영 작가의 산문 『실격당한 자들을 위한 변론』이 있다.

지금은 변호사가 된 1급 지체장애인인 김원영 작가가 쓴 책이다. 그는 많은 사람들이 장애를 가진 사람들에게, 심지어 장애인 자신들도 스스로에게 던지는 '나는 잘못 태어난 존재인가'라는 질문을 사회의 큰 장으로 불러오고, 세계 각국의 예를 들어가며 '실격당한 인생'이라 불리는 이들도 그 존재 자체로 존엄하고 매력적임을 증명해보이는 변론을 시도한다.

그의 글은 앞서 읽은 기시다의 감성 가득한 글과는 달리 대단히 논리적이지만, 기시다를 읽고 가슴이 먹먹했던 것과 똑같이 마음이 미어졌다. 변호사의 논리정연한 변론을 읽고 가슴이 먹먹해지다니. 김원영의 다른 글이 읽고 싶어졌고 또다른 산문인 『희망 대신 욕망』과 『사이보그가 되다』까지 만나게 되었다. 김원영을 이렇게 다 찾아 읽고 나서, 가능하면 시간차 없이 이 세 권을 일본어로 번역출판할 수 없을까 궁리하기 시작했다. 한 권 한 권 결이 전혀 달라서 세 권을 모두 읽고 나면 김원영이라는 사람을 360도로 볼 수 있으며, 모든 작품에는 한국사회의 민낯, 인간이란 무엇이고 기술은 무엇을 위해 있는가 등 사유를 크게 확장시키는 힘이 있었다. 김원영을 처음 읽은 독자는 나와 똑같이 그의 다른 저작물을 찾아볼 것이라는 생각이 점점 커졌다. 세 권을 동시에 계약해 한 번에 출판해볼까? 그러나 쿠온은 의지가 있으나 아쉽게도 재력이 없다는 단점이 있다. 그렇다면 답은 단순했다. 한 권은 쿠온이 낼 수 있으니 다른 두 권을 낼 출판사를 찾아보자. 이렇게 좋은 책은 사람을 움직이게 만든다.

우선 인문서에 강한 출판사 이와나미쇼텐의 호리 유키코씨에게 말해보았다. 그녀는 책거리에 종종 방문하는 손님으로 논픽션에 관심이 많다. 그녀는 "수학자가 수학에 대해 쓴 책이 있나요?"라거나 "역사 속 사건을 해석한 책을 찾고 있어요" 등 항상 구체적으로 질문한다. 그래서 나의 머릿속 서랍에는 호리씨에게 제안할 리스트들이 가득하다. 그런 그녀에게 장애를 가진 두 명의 아티스트가 각자의 신체를 보완해주는 기기를 화두로 지상토론을 벌이는 『사이보그가 되다』라는 책이 있다고 운을 떼자마자 그녀는 곧장 관심을 보였다. 같은 저자의 책을 동시에 내서 함께 마케팅해보자는 제안에도 크게 호응해주었다.

나머지 한 권은 기시다 나미 책을 낸 쇼가쿠칸의 사카이 아야코씨에게로 전해졌다. 오가 사장님을 통해 사카이씨와 만날 수 있었는데, 그녀는 '베스트셀러 제조기'라고 불릴 정도로 그녀가 편집한 책들은 어떤 책이든 잘 팔린다고 알려진 베테랑 편집자다. 한국의 논픽션이 미다스의 손을 거쳐 일본에서 베스트셀러가 되는 꿈을 꿔도 되지 않을까? 사카이씨에게 이 꿈을 이야기하며 『실격당한 자들을 위한 변론』을 추천했고, 그녀 역시 이 꿈에 응해주었다.

이렇게 세 명의 편집자가 모두 '김원영'이라는 배에 올라탔다. 2021년 여름이었다. 한국의 출판사 푸른숲과 사계절의 빠르고도 친절한 대응으로 계약과 번역 작업, 편집 작업이 착실하게 진행되었다. 『사이보그가 되다』와 『희망 대신 욕망』은 부산에 거주하는 번역가 마키노 미카씨가 맡았고, 『실격당한 자들을 위한 변론』은 앞서 안도현 시인의 『백석 평전』을 번역한 이가라시 마키씨가 맡았다.

두 번역가 모두 내가 직접 추천했다. 독자로서 책의 성격을 알고 기획자로서 번역가의 스타일을 알기에 가능한 일이기도 하다. 마키노씨는 번역하면서 김원영씨의 강연회와 무용발표회도 보러 가는 열정을 보였다. 그녀 역시 좋아하면 우선 행동하는 동지다.

간행을 앞두고 세 출판사의 편집자들은 대면 미팅은 물론, 줌ZOOM을 통해 김원영 작가의 존재를 일본 독자들에게 어떻게 알릴 것인지를 두고 몇 번에 걸쳐 회의를 진행했다. 책이 출간되기 4개월 전에 '파일럿' 버전을 만들어 전국 서점 직원들에게 미리 출간 소식을 알렸고, 출판계의 인플루언서들에게도 미리 가제본을 보냈다. 출간 직전에 파일럿 버전을 읽은 독자들과 독서회를 열기도 했다. 진보초에 있는 도쿄도東京堂 서점은 세 권의 책이 나오기 전부터 포스터를 만들어 전시해주었다. 한 작가의 책을 세 출판사가 동시에 간행하기 위해, 함께 마케팅하는 새로운 시도에 출판계가 주목해준 것이다. 그 중심에 한국 작가가 있다는 사실이 믿어지지 않을 만큼 벅찼다.

김원영 작가는 휠체어를 타고 어디든지 다니는 사람이다. 그가 다닐 수 없는 길은 계단 있는 길이다. 길이 나 있다면 누구나 다닐 수 있다고 의심하지 않았던 나는 김원영 작가의 글을 많이 읽으며 정말 부끄러워했다. 책거리는 계단을 이용해야만 올라올 수 있는 곳에 있다. 김원영 작가의 책을 읽고 또 일본어판으로 만들며, 나는 하루라도 빨리 휠체어 탄 이들도 편하게 들어올 수 있는 곳으로 책거리를 이전하겠다고 결심했다. 역시 좋은 책은 여러 방면으로 행동하게 한다.

횃불 같은 사람

  2023년 책이 출간되자 김원영 작가를 만나고 싶다는 독자들의 요청이 차츰차츰 늘어갔다. 내 안에서는 솔직히 "가능할까……" 하는 작은 의문이 있었다. 그는 도쿄 대학교에서 연수한 적도 있고 부모님을 모시고 일본을 여행한 경험이 있었음에도 나는 주저하고 있었다. 그를 K-BOOK 페스티벌에 초대한다면, 지금의 사무국 인력만으로 행사를 운영할 수 있을까? 장애에 대해 이야기하는 작가를 모시는 이상, 장애인들도 왕래하기 수월한 행사여야 할 것은 당연했다. 그럼 휠체어를 타는 독자들이 올 수도 있으니 프로그램과 프로그램 사이 시간을 벌려 조금이라도 혼잡도를 줄여야 한다. 게다가 보다 더 넓은 장소도 찾아야 할 것이었다.

  혼자 고민하다 결국 세 출판사의 담당자들과 함께 상의해보기로 했다. 그리고 역시나, 집단지성은 눈부셨다. 페스티벌 공식 일정인 이틀로 행사일을 한정하지 말고, 앞풀이 행사나 뒤풀이 행사로 기획해보자는 아이디어가 나왔다. 그래서 페스티벌 두 달 전에 김원영 작가의 단독 북토크를 실시하기로 했다. 대담 형식으로 진행하자는 의견이 채택되어 한국에서도 번역된 『눈이 보이지 않는 친구와 예술을 보러 가다』의 저자 가와우치 아리오씨를 모시기로 했다. 이렇게 '장애는 극복하는 것이 아니'라고 주창하는 열정적인 사고를 가진 두 사람의 대담이 결정되었다.
  세 출판사는 대담자 섭외와 케어, 행사 홍보, 당일 진행 및 미디어 담당 등으로 업무를 분담해 일사불란하게 움직였다. 장애를 가진 사람들이 더 많이 참가할 수 있게 준비하자는 말에 다들 흔쾌히 합심했다. 수어통역사를 섭외하고, 휠체어 좌석도 따로 준비했으며 음성을 자막으로 처리해주는 최신 단말기를 빌렸다. 지금이야 눈부신 AI 기술로 스마트폰 하나만 있으면 번역과 통역이 동시에 진행되지만, 불과 2년 전만 해도 커다란 단말기가 필요했으며 그 녀석의 비용 또한 만만치가 않았다. 장애를 가진 분들의 이동속도를 생각하면 행사장 대관시간도 넉넉해야 했다. 말뿐이 아닌 배리어프리를 실현하려면 시간과 비용이 배로 든다는 것을 깨달았다. 아니, 사실은 처음부터 이런 스타트라인이었어야 했다는 것을 깨달았다.

행사 당일이 되었다. 김원영 작가의 파트너인 휠체어는 생각보다 작았고 전동이라 어디든 부드럽게 잘 굴러갔다. 그러나 그의 말대로 계단이라면 단 한 칸도 올라가지 못했는데…… 진보초는 오래된 동네라 사방이 계단 천지였다. 손님을 불러놓고 편하게 모시고 들어갈 밥집이 별로 없었다. 엘리베이터가 없는 우리 책방은 언감생심이었다. 그의 책을 읽었던 2년 전에는 머리로만 부끄러웠는데, 실지로 휠체어에 탄 그와 진보초를 걷다보니 시야가 전혀 달라졌다. 이 동네, 장애인에게는 아주 몹쓸 동네였다. 나는 더 많이 부끄러워졌다.

다행히 행사장은 2017년에 지어진 건물이라 배리어프

리가 잘 적용된 공간이었다. 휠체어를 탄 독자들은 물론, 시각장애나 청각장애를 가진 독자들도 많이 찾아주었다. 이 행사를 보러 지방에서 온 사람들도 있었다. 대담회는 그분들의 열정에 충실히 응해줄 정도로 뜻깊은 내용이 가득했고, 모두의 바람대로 무사히 마무리되었다.

행사와 별도로 김원영 작가는 여러 매체와도 인터뷰를 진행했다. 그의 책에도 종종 등장하는 이토 아사씨와의 인터뷰에서는 장애가 있는 몸으로 살아온 경험을 담은 에세이와 춤의 역사에 관한 인문학적 접근을 담대하게 펼쳐주었다.

김원영 작가는 장애인이면서 변호사고 춤꾼이다. 자신도 빛나고, 함께하는 다른 이들도 빛나게 만드는 횃불 같은 사람이다. 그런 그를 흠모하는 일본어권 독자들이 아주 많이 생긴 것은 당연한 결과다.

소설가 김석범 선생

"소설을 쓰기 때문에 살 수 있다. 살고 있어서 쓰는 것이 아니다."

2025년, 100세가 된 자이니치 현역 소설가 김석범 선생님의 말씀이다. 김석범 선생님의 소설 『화산도』는 제주 4.3 사건을 모티브로, 1981년부터 1988년까지 일본 문예지 《문학계》에 연재되었고 이후 문예춘추사 출판사에서 전 7권으로 묶여 출간되었다. 이 작품으로 선생님은 '오사라기지로상■■'을 수상하고 '마이니치예술상■■'을 수상하기도 했다. 이후 2015년에 완역본이 전 12권 분량으로 다시금 출간되어 오늘날 한국 독자들 또한 선생님의 소설을 유려한 문장으로 읽고 있다.

  석범 선생님과는 1998년에 처음 만나 지금까지 교류하고 있다. 저자와 독자로 알게 되었으나 지금은 저자와 편집자의 관계로 변했다. 선생님과는 늘 우에노의 한국 가정식가게인 '청학동'에서 만난다. 사이타마에 사시는 선생님은 한 번 도쿄에 올 때마다 여러 편집자들과 미팅을 연달아 해내고, 맨 마지막엔 식당에서 나와 저녁을 먹으며 밤새 이야기를 나누신다. 코로나 전에는 보통 오후 5시에 만나 새벽 2-3시까지 수다를 떨었는데, 처음 만났던 90년대 말에는 무려 아침 8시까지 이야기를 나눈 적도 있다. 그렇게 기운이 넘치셨던 선생님은 코로나가 한창인 2020년에 심장병 수술을 받았는데, 무사히 회복해 그후 중편소설을 한 편 쓰셨다. 무려 9만 8000자. 200자 원고지 490매 분량인데 전문을 손수 볼펜으로 쓰셨다. 자이니치 소설가 'K'

- ■ 소설가 오사라기 지로를 기리며 《아사히신문》에서 그의 이름을 빌려 제정한 문학상이다. 소설가이자 저널리스트인 오사라기 지로의 지난 업적에서 알 수 있듯이 사회성과 문학성을 겸비한 논픽션 문학작품에 수여된다.
- ■■ 《마이니치신문》이 주최하여 문학, 연극, 영화, 미술, 음악, 건물 등 예술 전반을 아우르는 상으로, 소설가 무라카미 하루키와 건축가 안도 다다오도 이 상을 받았다.

가 42년 만에 고국을 찾는 이야기, 김석범 선생님 본인이 모델인 소설이다.

코로나로 인한 만남 제한이 풀린 2021년 11월 4일, 오랜만에 선생님을 만나 뵈었다. 오카치마치역 북쪽 출구에서 이와나미쇼텐의 전 사장인 오카모토씨와 함께 선생님을 기다렸다. 이와나미쇼텐은 일본에서 가장 전통과 권위가 있는 출판사 가운데 하나지만 무척이나 진보적인 도서를 내는 곳으로, 단행본뿐 아니라 《세계》라는 진보 성향 잡지로도 유명하다. 오카모토씨는 《세계》의 편집장에서 사장까지 역임한 분이다. 그와는 출판사 모임에서 만나 친분이 생겼다. 시간이 얼마나 지났을까, 지팡이를 짚고 조그만 토트백을 든 석범 선생님이 나타났다. 반가운 마음에 포옹을 했는데, 몸이 그사이 더 작아지셨는지 내 품에 쏙 들어왔다. 선생님은 아주 천천히 걸었다. 오카치마치역에서 청학동 식당까지는 5분이면 가는 거리인데 20분을 걸어야 했다. 석범 선생님, 오카모토씨와 나 모두 흰 마스크를, 아니 세상의 모든 사람들이 마스크를 쓴 채 걷고 있었다. 마스크가 필수였던 시절에 꼼짝하지 않고 당신의 책상에서 등을 둥글게 구부리고 앉아 K의 이야기를 지어낸 선생님. 코로나를 이겨낸 기념으로 선생님은 2년 만에 청학동에서 맥주를 마시고 부대찌개를 드셨다.

K의 이야기는 『보름달 아래 붉은 바다 満月の下の赤い海』(2022)라는 이름의 단행본으로 쿠온에서 발행되었다. 나는 이때 선생님의 제안을 잊을 수 없다.

"이 책이 나의 마지막 책이 될 것인데, 내가 죽으면 이 책이 가장 많이 팔릴 것이오."

노파심에서 덧붙이자면 그래서 덥석 우리가 내겠다고 말한 것은 절대 아니다. 대작가의 책을 쿠온에서 낼 수 있다는 것만으로도 큰 영광이다. 내 인생의 여러 영광들 가운데 다섯 손가락 안에 드는 일이다. 책을 읽는 사람으로서 누군가의 독자로 끝나는 것이 아니라 그의 편집자가 되는 일은 정말 멋진 경험이다. 그의 다음 책을 가장 먼저 읽을 수 있는 것은 물론, 나 같은 독자들에게 이 설렘을 전하는 경험을 맛볼 수 있다. 이 설렘이 누군가를 또다른 작가로, 또다른 편집자로, 또다른 책방지기로 만들어줄지도 모를 일이다. 책과 관련된 모든 일은 이렇게나 설레는 마음으로 사람과 사람을 연결시킨다.

아, 참고로 선생님은 건강을 염려하신 것이 무색하도록 『보름달 아래 붉은 바다』 이후로도 왕성하게 집필하셔서 또다른 소설을 쓰셨고, 에세이도 쓰셨다. 그저 다행이고 기쁜 일이다.

초록은 동색

진보초 골목 안쪽에 위치한 카레집에서 점심을 먹고 나오다 편집자인 가시와바라 고우스케씨를 맞닥뜨렸다. 이 동네는 서점뿐 아니라 출판사들도 많아 길거리에서 출판 관계자를 만나는 일이 흔하다.

가시와바라씨는 주간지를 만들다 단행본 팀으로 발령난 지 얼마 안 된 삼십대 청년이다. 주간지를 만들던 사람이라 한국 정세에도 아주 밝다. 한국어를 배우거나 한국영화는 개봉하는 족족 거의 다 챙겨 볼 정도로 문화에도 관심이 많다. 그런 그가 언젠가 책거리에 손님을 모시고 왔다. 《마이니치신문》 기자인 오누키 도모코씨였다. 그녀는 화가 이중섭의 아내 마사코씨를 인터뷰해 두 사람의 사랑을 다룬 원고를 쓰고 있었으며, 가시와바라씨가 담당 편집자로서 이중섭 작가에 관한 서적을 찾기 위해 함께 책거리를 방문한 것이었다. 덕분에 내 머릿속에 '이중섭'이라는 서랍이 추가되었고, 그후로 종종 이중섭을 포함해 일제강점기 시절의 예술서적이 나오면 가시와바라씨에게 알려주곤 하였다. 2년 정도 지나 오누키씨의 노고가 쌓인 도서가 출간되었다. 책이 나오기도 전에 《조선일보》에 인터뷰 기사가 크게 날 정도로 한국에서 반응이 뜨거웠다. 기사 속 사진에 찍힌 이중섭 관련 도서들 가운데 일부는 책거리에서 구매한 것들이었다. 인연이 연결된 덕분에 2023년 『이중섭, 그 사람』이라는 제목으로 쿠온이 판권을 단독 중개하는 영광도 있었다.

가시와바라씨와 함께 골목길을 걸으면서 이런저런 이야기를 나누던 중, 그가 넌지시 한국 작가와 일본 작가가 하나의 주제로 소설을 쓴 단행본을 만들고 싶다는 의사를 밝혔다. 그는 이미 정세랑 작가를 염두에 두고 있었다. "일본 쪽 작가는?" 하고 물었더니 "아직"이라며 머리를 긁적였다. 그렇다면 정세랑 작가에게 먼저 제안한 뒤 그녀가 함께하고 싶은 작가가 있는지를 물어보자고 했다. 이 주제로 둘이서 어찌나 대화에 몰두했는지 정신을 차려보니 진보초를 벗어나 고쿄(황거) 안까지 들어와 있었다. 한 시간 이상을 걸으면서 기획을 가다듬은 셈이다.

당장 정세랑 작가에게 의사를 타진해봤더니 한층 업그레이드된 제안이 왔다. '절연'이라는 테마로 한국, 중국, 일본 그리고 동남아시아의 밀레니얼세대 작가들 일고여덟 명이 똑같은 제목으로 각자 단편소설을 써서 묶는 앤솔러지는 어떨까 하는 제안이었다. 편집자 경험이 있는 정세랑 작가다운 확장된 착상이었다.

이 제안은 진보초 산책을 한 2020년 10월부터 착착 진행되어 2022년 11월, 아홉 국가의 아홉 작가들의 앤솔러지 소설 『절연』이라는 결실을 맺었다. 정세랑(한국), 무라타 사야카(일본), 알피안 사아트(싱가포르), 하오징팡(중국), 위왓 럿위왓윙사(태국), 홍라이추(홍콩), 라샴자(티베트), 응우옌 응옥 뚜(베트남), 롄밍웨이(대만). 가시와바라씨가 언어가 다른 작가들과 소통하며 이 책에 쏟아부은 열정은 옆에서 보기만 해도 대단했다. 각국 문학에 정통한 전문가들을 찾아가 작가 추천을 받아 원고를 청탁하고, 원고가 들어오는 대로 번역가를 찾아 일본어로 번역했다. 물론 각 작가별로 계약서를 작성하는 등 편집 이외의 일까지도 그의 몫이었다. 그는 이 프로젝트의 과정을 그냥 흘려보내지 않고 자사 사이트에 자세하게 연재했다. 그런 와중에도 그는 이 책을 한국에서도, 가능하면 동시에 출간하고 싶어했다. 그 뜻을 받아 주변 한국 편집자들에게 문의했더니 문학동네 출판사의 김영수 편집자가 선뜻 손을 들어주었다.

2021년 8월부터 김영수씨와 가시와바라씨는 메일을 주고받으며 본격적으로 책 만들기에 돌입했다. 원고만 가지고 각자의 언어로 책을 만들어가는 두 사람. 앞서 각국 언어가 일본어로 번역된 파일이 있었기에 한국어판은 일본어판을 중역重譯한 셈이다. 나는 한국과 일본의 남성 편집자 둘이서 오순도순 책 만드는 이야기를 중심으로, 각자 본 영화 드라마부터 세상에 일어난 사건 사고에 대한 촌평까지 다양한 주제로 소통하는 것을 메일 참조에 걸려 엿볼 수 있었다. 그들은 모국어로 메일을 쓰고 각자 번역기를 돌려서 해석하며 대화했는데, 혹시나 오독이 발생할까봐 나를 참조에 넣은 것이었다. 나는 사실 2022년 3월부터 배 속에 생긴 악성종양 때문에 서울에서 수술한 뒤 병원에서 요양 중이었기에 더욱더 세세하게 그들의 대화를 읽을 수 있었다. 무채색의 병실에서 무료한 일상을 보내고 있던 나에게 그들이 주고받는 메일은, 그들은 몰랐을 나만의 소소한 즐거움이었다.

책의 모양새가 나올 즈음에 『절연』 프로젝트에 참여한 일본의 무라타 사야카 작가가 2022년 서울국제작가축제에 참석한다는 소식이 들렸다. 그리고 곧바로 무라타 작가와 정세랑 작가의 대담도 함께 준비되었다. 가시와바라씨가 또 일을 벌였구나, 짐작할 수 있었다.

한 권의 책을 만들어 널리 알리기 위한 편집자의 노력. 물론 회사의 지원이 있기에 가능한 일이기도 했지만, 복잡하고 성가신 일에도 몸을 사리지 않고 성큼성큼 해내는 그를 보면 나 역시 그의 행보를 응원하게 된다. 가치 있는 일을 재미있게, 열심히 하는 친구에게는 동지들이 많이 생기는 법이다.

무라타 사야카와 정세랑, 두 작가의 대담이 서울에서 이루어지며 성사된 만남이 또 하나 있었다. 김영수씨와 가시와바라씨, 두 편집자도 드디어 직접 얼굴을 마주하게 된 것이다. 작가들의 대담도 뜻깊었지만, 처음 대면한 타국의 편집자들이 1년 이상 메일을 주고받은 덕분에 서로를 잘 아는 듯 나누는 친밀한 대화는 이 프로젝트가 만들어준 또다른 성과물로 여겨졌다. 문화권이 다른 나라의 동시대 젊은 편집자들이 만나 하나의 프로젝트를 진행하면서 서로를 알아가는 과정. 이 경험은 당장은 아니더라도 새로운 프로젝트들로 이어질 것이며, 세상은 그래서 깊어지고 따뜻해질 것이다. 내가 계속해서 일본에서 한국 문학을 펴내고, 지치지 않고 한국과 일본의 책들을 신나게 중개할 수 있는 것은 이런 따뜻한 경험을 많이 했기 때문이다.

나의 하타노 세쓰코 선생

    2024년 1월 1일, 새해 첫날부터 크게 일어난 노토반도 지진의 영향이 니가타에도 있다는 뉴스를 보고 놀라 하타노 세쓰코 선생님에게 전화를 걸었다. 하타노 선생님은 쿠온에서 낸 '새로운 한국문학' 시리즈의 두번째 도서 김중혁 작가의 『악기들의 도서관』을 번역해주신 분이다.

    출판에이전시 업무를 시작하며 한국의 출판사와 작가들과 친분을 쌓은 나는 출판사를 차리기 위해 일본에서 내고 싶은 책들을 열심히 찾아 읽었다. 그냥 읽은 것이 아니라 독서노트 맨 위에 '판권을 중개하고 싶다' 란과 '번역출판하고 싶다' 란을 별도로 두어 점수를 매겼다. 전자는 에이전시이자 독자로서의 목록이었고, 후자는 출판사로서의 목록이었던 셈이다. 독자의 마음 서랍과 출판사 사장의 마음 서랍을 별도로 둘 정도로, 그때는 나름 회사의 경영 사정을 염려하고 있었다. 회사라고 해도 그때는 단둘이서 꾸려나가는 회사였지만. 이후 '번역출판하고 싶다' 란에 들어가 있던 책들은 '새로운 한국문학'이라는 이름으로 한번 더 정제되었다. 이윽고 10종의 도서 목록이 견고히 확정되자 작업에 나섰다. 한 권 한 권 판권을 확보하고 번역가를 찾아 나섰다. 그 단단한 각오의 맨 첫 발걸음으로 하타노 세쓰코 선생님을 만났다.

한국문학을 연구하는 이탈리아 친구 안드레아가 자신이 하타노 선생님과 함께 서울에서 김중혁 작가를 만난 적이 있으니, 그분에게 번역을 의뢰해보라고 힌트를 주었다. 선생님은 니가타현립대학에서 한국문학을 가르치고 그 지역의 한국문학 애호가들과 번역 워크숍도 운영하고 있었다. 만나기로 약속한 날, 니가타역 근처의 작지만 맛있는 요릿집에서 번역가 요시하라 이쿠코씨와 함께 선생님이 나를 맞아주었다.

"어둡지만 세계관이 큰 작품들을 좋아하는데 그런 작품들은 거개가 1900년대 작품들이에요. 그 작품들을 읽고 연구하는 데 시간을 거의 다 쓰고 있지요. 학교 일도 많아 현대 작가의 작품을 번역할 시간은 솔직히 없네요."

그러시군요.

"그렇지만 김중혁 작가의 경쾌함은 참 매력적이지요. 게다가 작가 본인을 만난 적이 있어서 단칼에 거절하기가 어렵네."

적당한 웃음으로 넘기기.

"그의 경쾌한 문체를 내 번역으로 표현할 수 있을까요? ……하지만 요시하라씨와 공동으로 작업하게 해준다면 해볼게요."

아이고, 선생님 감사합니다!

처음 '어렵겠다'는 말 뒤로 몇 단계의 대화가 채 지나기도 전에 '수락하겠다'는 답변이 나왔다. 매번 느끼지만 선생님은 통이 크고 시원시원하셔서 기분이 좋다. 속엣말을 바로 내비치지 않는 것이 미덕인 나라에서 30년 넘게 살고 있다보니 통 큰 사람과 있으면 해방감이 마구 느껴진다.

일 얘기가 끝나자 이윽고 진득한 술판이 벌어졌다. 다다미방에 세 여자가 앉아 서로 좋아하는 작가들을 자랑하면서 일본주를 주거니 받거니 했다. 2009년의 한겨울이었으나 술기운 때문이었는지 결의를 도모한 열정 때문이었는지 하나도 추운 줄 몰랐다. 우리들 가운데 술을 가장 많이 마셨던 하타노 선생님은 다다미방에 누웠다가 다시 일어나기를 몇 차례 반복하시더니 갑자기 자세를 바르게 고쳐 앉고 대뜸 말했다.

"김상, 출판사 하면서 운영이 힘들다 싶을 때 연락해요. 많이는 아니지만 300만 엔까지는 도울 수 있어요."

추운 줄 몰랐던 것은 작가들 이야기도, 결의 때문도 아니고, 아마 이 복주머니를 얻어서였지 않았을까(복주머니는 2014년에 받아 사용했다. 선생님이 아니었다면 쿠온은 물론, 책거리도 이 세상에 없었을 것이다).

이 '니가타 결의'를 통해 『악기들의 도서관』은 물론 요시하라씨의 손을 거쳐 박민규 작가의 소설 『죽은 왕녀를 위한 파반느』도 일본 출판계에 등장할 수 있었다. 요시하라씨는 한국에서의 유학 시절 박민규 작가에 푹 빠져 그의 강연회나 북토크에 매번 참석했단다. 좋아하는 작가가 있다는 것, 좋아하는 무언가가 있다는 것은 긴 인생을 살아가는 데 응원가가 있다는 뜻이 아닐까.

하타노 선생님은 실은 번역가이기에 앞서, 한국 근대문학의 아버지라 할 수 있는 이광수 작가를 오랜 시간 연구하고 수많은 논문과 함께 그의 평전을 쓰기도 한 '이광수 연구자'다. 몇 년 전에 학교도 조기퇴직하고 지금껏 이광수를 연구하신다. 이광수의 삶 가운데 무엇이 그렇게 그녀를 매료시켰는지 모르겠지만, 한국 신문사와 진행한 어느 인터뷰에서 "이광수를 알고 나서는 그를 더 많이 알고 싶어 죽고 싶지 않다"는 말을 할 정도로 이광수에 대한 선생님의 열정은 대단하다.

그런 하타노 선생님이 작년부터 기억력을 점차 잃기 시작했다. 알츠하이머에 준하는 병이다. 생각을 글로 옮길 수 없을 정도로 점점 병이 깊어지고 있다고 들었다. 문득 걱정이 되어 전화를 드려보면 신호만 갈 뿐 바로 받지 않으신다. 한참 있다가 선생님이 내게 다시 전화를 걸어주시는데, 통통 튀듯 경쾌하시던 분이 지금은 아주 천천히 한 마디 한 마디를 쥐어짜듯이 내뱉으신다. 선생님을 만나러 니가타에 가겠다고 말했다.

"오지 마, 제발 오지 마. 이런 모습을 보이고 싶지 않아. ……승복상, 그런데 정말 보고 싶다."

아름다운 세계를 온몸으로 뛰어다니던 분이 서서히 발걸음을 멈추고 있다. 나의 하타노 세쓰코 선생님, 어쩌면 좋을까요…….

10년 프로젝트의 시작

박경리 작가의 대하소설 『토지』 전 20권의 일본어판 완역이 2024년 9월에 완성되었다. 2014년에 착수하여 10년 동안 이어온 프로젝트였다.

쿠온은 2000년 이후 현재까지 활동하는 작가들의 작품을 주로 소개해왔다. 일본 독자들에게 문화적 위화감이 적을 동시대 작가들의 오늘날 이야기를 뽑아, '일본과 다른 한국문학'으로 구분 짓지 않고 스며들게 하고 싶었기 때문이다. 하지만 대체로 세상의 많은 일은 축적되어야 인정을 받는다. '축적이 힘이다'라는 말 그대로다. 책을 만드는 일도, 서점에서 파는 일도 쉬운 일은 아니었지만 어디에도 말할 수 없는 가슴 아픈 에피소드가 있다.

소설 『채식주의자』를 시작으로 한국문학을 전문적으로 내고자 쿠온에서 번역출판하기를 희망하는 작품 리스트를 만들어 한국의 작가들과 에이전시에 문을 두드렸을 때 나를 반가워해주는 작가들은 그렇게 많지 많았다. 그도 그럴 것이, 내가 내고 싶은 작품들은 대개 한국에서 누구나 아는 유명 작가의 베스트셀러였던 것이다. 그들은 한결같이 "일본 출판사에서 내고 싶어요"라는 대답을 돌려주었다. 쿠온도 일본에서 설립한 일본 출판사인데⋯⋯ 그들의 마음 역시 이해는 되었다. 그러나 거절을 당한 내 마음은 어디서도 위로받을 수가 없었다. 이것은 나의 지론인데, 힘들 때는 이야기 속으로 들어가는 것이 최고다. 끝나지 않는 이야기 속으로 들어가 당분간 세상 밖으로 나오지 말자, 하고 집어든 소설이 『토지』였다. 장편소설이니 한동안 안심하고 숨기에 최적이었다.

기구한 운명으로 천애고아가 된 대지주의 외동딸 최

서희는 집안의 토지를 다 빼앗기고는 주변 인물들과 함께 만주 간도로 떠난다. 그후 그녀가 사업을 일으켜 크게 성공하고 다시 고향의 토지를 되찾아온다는 스토리가 『토지』의 주요 줄거리다. 두세 줄로 요약했지만 잘 알려진 대로 『토지』는 총 20권짜리 시리즈로 등장인물이 무려 600여 명에 달하는 대하소설이다. 나는 거의 석 달 동안 이 대작과 함께 지냈다. 두말할 필요 없이 박경리 작가에게 존경심이 생겼고, 그녀는 내게 '작가'를 넘어 '선생'이 되었다. 이 장대한 스토리를 통해 한국과 일본, 식민지와 피식민지라는 이분법이 아닌 인간이 대자연의 일원으로서 살아가야 할 궁극적 이유를 조금이나마 알게 되었다. 마지막 권의 책장을 덮을 무렵, 누군가에게 상처받아 주저앉아 있던 김승복은 이미 없어진 지 오래였다. 좋은 예술은 사람에게 동력을 준다. 나는 다시 일어섰다. 『토지』를 번역출판하고 싶다는 강한 의지도 함께였다.

박경리 선생은 2008년 5월 5일에 돌아가셨기에, 유족이자 토지문화관 관장인 김영주 관장에게 허락을 받아야 했다. 토지문화관은 생전 박경리 선생이 집필하면서 문인과 예술인들에게 창작실 또는 워크숍 및 세미나용으로 공간을 내어주도록 설립된 곳이다. 선생은 1980년에 서울을 떠나 원주로 거처를 옮긴 뒤 『토지』 집필을 이어왔다. 몸을 둥글게 말고 25년간 계속 한 작품을 쓰셨던 선생님. "어떻게 이렇게 긴 시간, 한 소설을 쓸 수 있었나요?"라는 많은 이들의 질문에 선생은 "그냥 썼지요"라고 하셨다. 많은 대가들이 결과물에 대해 '그냥 하는 일'이라고 답한다. 이 말의 무게를 가늠해보려 했으나 어렵다.

그렇게 2014년, 강원도 원주로 향했다. 3개월간 장대한 스토리 속에 잠겨 지내온 나는 토지문화관의 문짝도, 풀 한 포기도 다 성스럽게 보였다. 선생의 딸인 김영주 관장은 머리를 뒤로 묶고 있었고, 웃는 입매가 사진 속에서 보았던 박경리 선생과 똑같았다. 사진 속 선생의 나이와 지금 영주 관장의 나이가 같지 않을까. 관장은 선물로 들고 간 쿠온의 책을 하나하나 만져보고는 타국에서 고생이 많다고 하셨다. 그러면서 "『토지』는 대작이라 끝까지 번역본을 내는 것이 참 어려울 텐데……" 하고 다음 말을 이어서 하셨다.

"쿠온을 믿지 못하는 게 아니라 이 책을 내서 쿠온이 힘들어지지 않을까 걱정입니다."

내가 앞으로 해야 할 걱정을 대신해주시다니.

"관장님, 저도 걱정이 됩니다만 지금까지 만든 책으로 일본 독자 들이 많이 생겼습니다. 저도 믿어주시고 독자들도 믿어주세요."

감사한 마음과 나의 의지를 다시금 영주 관장에게 전하며 쿠온에서 전권 번역출판하는 것을 허락해달라고 설득했다. 간절함이 통한 것인지 그녀는 결국 고개를 끄덕여주었다.

"『토지』는 길기도 하지만 일본과 직접적으로 연결되는 부분도 있고, 방언들이 많아서 번역하기가 참 까다로울 거예요⋯⋯. 김승복씨의 뜻이 깊어 보이니 저는 허락을 합니다만⋯⋯."

'합니다만'으로 끝나는 허락이었으나 어찌 되었든 허락이었다. 우리는 관장의 걱정도, 우려도, 승낙도 모두 감사히 받아들이기로 했다.

영주 관장의 허락을 받자마자 나는 통영으로 향했다. 통영은 박경리 선생이 태어난 곳이며 선생의 묘소가 있는 곳이다. 『토지』의 원형이라고도 일컬어지는 소설 『김약국의 딸들』의 무대이기도 하다. 박경리 선생이 돌아가시자 통영의 지자체와 지주들의 주선으로 기념관이 지어졌고, 그 일대가 박경리공원으로 조성되었다. 바다를 끼고 올라간 곳에 박경리문학관이 있고 문학관 뜰에는 치마저고리를 입은 선생의 동상이 세워져 있었다. 동상은 대략 160cm, 아주 작았다. 선생의 묘소는 한산도 앞바다가 쭈욱 잘 보이는 산중턱, 햇볕을 골고루 받는 곳에 자리해 있었다. 주변 곳곳에 진달래꽃이 피어 있어 3월의 봄 햇살이 봉긋한 묘소에 가득했다. 선생의 소설에는 등장인물들이 무덤 앞에서 절을 올리고, 망자와 두런두런 이야기하는 장면이 종종 나온다. 나 역시 뜨거운 인사말을 올리고 싶었다. 그래서 일본에서 사간 술을 한 잔 따라드린 뒤, 둥근 묘지 앞에 서서 책을 잘 만들어 다시 찾아오겠다는 다짐을 소리 내어 말했다.

"박경리 선생님, 저희를 지켜봐주세요. 이다음에는 일본어판을 읽은 독자들과 함께 찾아뵙겠습니다."

장정가 가쓰라가와 준씨

 김영주 관장으로부터 『토지』 일본어판 번역 허락을 받자마자, 기쁜 마음에 가장 먼저 장정가(일본에서는 '북 디자이너'보다 장정가라는 표현을 쓴다) 가쓰라가와 준씨에게 전화를 걸었다. 한국 출장을 가기 전, 실은 가쓰라가와씨와 먼저 만나 이 프로젝트를 상의드린 참이었다.

 『토지』는 작가가 1969년부터 쓰기 시작하여 1994년에 완성된 작품으로 그간 여러 문예지를 거쳐 연재되었고, 완결판 단행본도 여러 차례 출판사가 바뀌었기에 판본이 다양하다. 게다가 청소년판과 만화판도 있다. 청소년판은 일본에서 고단샤講談社 출판사가 발행했고 1980년대에 『토지』 1부만이 후쿠다케福武 출판사에서 발행된 적도 있다. 이런 상황에서 '『토지』 일본어 완역판'의 표지를 어떻게 해야 할 것인가…… 판형이나 사양은 또 어때야 하는지……. 작품을 애정하면 애정할수록 하나부터 열까지 전부 부담으로 다가왔다. 그래서 가쓰라가와씨에게 한국에서 나온 여러 장정들을 보여드리며 조언을 구했다. 더 솔직하게 말하면, 김영주 관장이 면담 도중에 '어떻게 만들 것인가'를 물어오셨을 때를 대비한 것이기도 했다.

함께 전략을 고민해주셨던 가쓰라가와씨도 끝내 허가를 받아왔다는 소식에 많이 기뻐해주셨다. 그리고 내가 출장에서 돌아와 얼마 되지도 않았을 때, 그는 이미 여러 버전의 『토지』 사양을 디자인해보았다며 시안을 잔뜩 보여주었다. 나는 한국인들에게 『토지』가 어떤 의미인지, 그 독자들에게 부끄럽지 않은 모양새여야 한다는 것을 피력했다. 하지만 그는 단칼에 이렇게 대답했다.

"아니요, '일본인에게' 이 작품이 어떻게 다가가야 할 것인지가 중요합니다."

가쓰라가와씨의 이 말에 나는 정신이 번쩍 들었다. 맞

다, 우리는 일본 독자들에게 『토지』를 선보이는 것이다. 가쓰라가와씨는 보이고 싶은 것 이전에 우리가 무엇을 보아야 하는지 아는 분이셨다.

가쓰라기와씨는 그후로 정말 많은 디자인 시안을 만들어 보여주셨고, 그때마다 번역가들과 함께 이야기를 나누었다. 오랜 노고의 시간을 거쳐, 교토의 어느 절에 비치되어 있다는 불경 속 글씨를 차용해 '토지土地'라는 글자가 들어찬 안이 등장했다. 모두에게 호평을 얻었다. 이른바 일본어판 『토지』의 로고가 만들어진 것이다. 표지 디자인이 결정되자마자 그는 전 20권의 각 권별 디자인을 만들어냈다. 토지라는 글자 자체는 고풍스러우며 힘이 넘쳤고, 권마다 글자색에 변주를 주어 현대적인 감각이 묻어났다.

2016년, 고대하던 『토지』 1, 2권이 무사히 탄생했다. 그 누구보다도 가쓰라가와씨가 가장 기뻐하셨다. 그는 수많은 출판사의 책을 디자인하고(1년에 100종 이상을 맡는다고 하셨다), 그 디자인에 관한 글을 잡지에 연재도 하고, 종종 책을 내기도 한다. 그런 분이 쿠온의 송년회며 책거리의 이벤트에도 종종 참가하시곤 했으니 영광일 따름이다.

5년이 흘렀다. 『토지』 14권이 나와 발송해드린 지 이틀이 지났을까. 책거리 6주년 기념 이벤트를 한창 진행하던 중 우리에게 가쓰라가와씨를 소개해주었던 편집자 구로다씨가 전화를 해왔다.

"가쓰라가와씨가 돌아가셨어요."

너무나 갑작스럽고 허망했다. 지병이 있다고 들었지만 이렇게 갑자기 우리 곁을 떠나가다니요…….

가쓰라가와씨는 늘 쿠온의 든든한 응원군이었다. 그는 『토지』뿐 아니라 '한국 조선의 지를 읽다' 시리즈의 디자인을 맡아주시기도 했다. 쿠온이 진보초로 이전하며 책거리를 열자, 근처에 올 때마다 슬쩍 들러 책을 사가곤 하는 손님이기도 했다. 책을 만든다는 것은, 책을 기획하는 것에서부터 출간되어 책방에서 그 책을 사보는 것까지라고 그에게 배웠다.

그는 더이상 없지만 그와 함께 만든 책들이 우리 책방 곳곳에 자리하고 있다. 손님에게 그가 만든 책을 권할 때면 종종 책의 디자인에 대해서도 설명한다. 가쓰라가와씨에 대한 애도이자 그에게 배운 '책 만드는 자세'를 다지는 시간이기도 하다.

다시 통영으로

　2016년 11월 『토지』 1, 2권을 만들어 독자들 30여 명과 함께 통영을 다시 찾았다. 지금도 종종 단발성으로 진행하는 독자 이벤트 '문학으로 여행하는 한국文学で旅する韓国'의 시작이기도 하다. 우리는 바다가 보이는 통영의 한 호텔 연회장에서 출판기념회를 열기로 했다. 번역을 맡은 시미즈 지사코씨는 물론, 『토지』 완역본 프로젝트를 무사히 시작할 수 있게 지원금을 출자해주신 재일교포 의사 김정출 선생이 함께 자리했다. 통영의 문인들도 여럿 참석해주셨고, 강원도 원주에서 김영주 관장도 먼 걸음을 해주셨다.

모두가 책의 출간을 축하하며 입을 모아 '길고 어려운 것을 일부러 선택해 착수한 일이니 끝까지 최선을 다하라'는 격려의 말씀들을 건네셨다. 그렇다. 뒷걸음치지 않고 끝까지 나아가야 한다.

출판기념회를 마친 다음 날, 아침 일찍 일본 독자들과 함께 박경리 선생의 묘소를 찾았다. 통영에 자리잡은 출판사 남해의봄날 정은영 대표가 우리보다 먼저 묘소에 도착해 돗자리를 펴놓고 제단에 사과와 배, 술을 준비해주셨다. 그 옆에 흰 천으로 싸간 토지 두 권을 풀어서 조심스럽게 올렸다. 제단에 올리는 순간 갑자기 목이 메어왔다. 힘든 것이 생각났다기보다 박경리 선생이 우리를 돌보아주고 계시는구나 싶어서였다. 그렇지 않았다면 도전조차 어려웠을 일이다.

이제 신발을 벗고 돗자리에 올라 절을 올릴 차례였다. 당연히 큰절을 해야 하는데…… 이런, 제사를 지내는 게 대체 몇 년 만인지 큰절 올리는 법을 잊어버려 머뭇거렸다. 그러자 재일교포이자 일본에서 발행되는 한국어 잡지 《HANA》의 발행인인 배정렬 대표가 얼른 나서서 함께해주었다. 나는 그의 행동을 따라 하느라 한 템포 느리게 절을 올렸다. 배 대표는 매번 이렇게 아무도 모르게 나를 위기에서 구해준다.

시미즈씨는 자신이 번역한 『토지』의 일부를 묘소 앞에서 낭독했고, 함께 간 문학평론가 가와무라 미나토씨는 과거 박경리 선생과 만난 이야기를 모두에게 들려주었다. 그는 삼십대 시절 기자와 함께 한국까지 선생을 찾아갔으나, 선생은 일신상의 이유로 취재에 응하지 않았다고 한다. 그러나 대신 집에서 밥과 술을 내주었다. 그 밥이야말로 한국인의 정이었다는 말씀을 하시면서 미나토씨는 눈물을 훔치셨다. 선생은 반일작가라고 알려져 있지만 제국주의를 싫어하는 것이지 일본인을 싫어하지 않는다고 말한 인터뷰 기사를 본 적이 있다. 사람을 귀하게 여기는 분이셨다. 묘소가 주는 무거운 분위기도 있었지만 칠십에 가까운 평론가의 회환은 모두를 더욱 숙연하게 하였다.

나는 이날의 소회를 다음 날 《조선일보》에 실었는데, 짧은 글이었지만 밤새도록 쓰고 고치고, 고치고 쓰고를 반복했다. 책을 만들어 작가의 묘소에 독자들과 함께 찾아가 기념하는 일, 하물며 『토지』를 만들어 이렇게 모두와 묘소를 방문할 수 있었던 일은 평생 잊지 못할 내 인생의 한 장면이다.

그리고 시간이 흘러, 처음 번역출판하겠다고 선언한 지 10년 만인 2024년 9월에 일본어판 『토지』 전 20권을 완역해냈다. 1, 2권을 만들어 일본 독자들과 함께 선생님 묘소를 찾았던 것처럼 이번에도 일본 독자들 30여 명과 함께 통영을 찾았다. 2024년 10월 19일. 마치 박경리 선생을 중심에 두고 헹가래를 하듯 모두 『토지』를 한 권씩 들고 묘소 주변을 빙 둘러 책을 헌정한 뒤 다 함께 〈아리랑〉을 불렀다.

나는 대표로 선생의 무덤 앞에서 감사 인사를 드리기로 했는데, 준비해간 인사말을 도저히 드릴 수가 없었다. 목이 메어 입이 떨어지지 않았다. 일본에서부터 함께 선생을 찾아간 독자들, 통영의 수많은 한국 독자들, 이 광경을 취재하겠다고 찾아온 기자들이 모두 나를 지켜보고 있는데 말문을 열기가 어려웠다. 결국 한참 감정을 추스르다 "선생님, 무사히 다 만들게 해주셔서 고맙습니다"라고만 겨우 조그맣게 말했다.

대체로 하나의 책이 번역되어 나오기까지 1-2년이 걸린다. 이것도 사실 빠른 편이라면 빠른 편이다. 완간까지 30년이 걸린 귀한 책, 허투루 만들지 않겠다 다짐하고 스무 권을 번역해 내놓는 데 10년이 걸렸다. 이제 드디어 일본어로 『토지』를 읽게 되었다는 문학평론가이자 한일관계사 박사인 가미야 니지씨의 말이 고마웠다.

문학이 상기시키는 질문

1980년의 봄, 고향인 영광과 인접한 광주에서 큰 사건이 일어났다. 5.18 광주민주화운동이다. 모두가 알다시피 진실은 철저히 숨겨졌고, 광주 시민들은 고립되었으며 그 희생도 오랫동안 봉인되었다. 물론 동네 어른들은 오며가며 알고 있었을 것이다. 광주에서 피난 온 학생들을 남몰래 숨겨준 분들이 있었으니까. 나 역시 초등학교 선생님으로부터 두루뭉술하게 그 이야기를 조금 들은 기억이 있다. 하지만 전모를 확실히 알게 된 것은 중학생이 되고 나서부터였다.

중학교 1학년 시절, 담임이셨던 안정애 선생님은 종례 시간마다 우리에게 시를 읽어주고 그 소감을 묻곤 했다. 나중에는 우리가 직접 시를 고르기도 했다. 선생님은 항생 당시 전남대학교 학생이셨다. 그 현장을 온몸으로 겪은 선생님은 아직 세상이 입술을 굳게 닫고 있는 '비밀'을 문학이라는 자기 나름의 방식으로 아이들에게 알리려 했지 싶다. 덕분에 나는 김지하의 시를 알게 되었고, 사상가 장준하의 책을 읽기도 했다. 김지하 시인과 사상가 장준하의 저서들을 읽었던 걸 보면 나는 아무래도 조숙한 아이였는지도 모르겠다. 그렇게 남다른 독서 목록을 자랑하며 나는 자연스럽게 시쓰기에 관심을 갖게 되어, 여고를 졸업한 뒤 서울예대 문예창작과에 진학했다. 서울예대는 예나 지금이나 작가들의 등용문이다. 다만 입학하고 보니 웬걸, 한국에 이렇게나 천재가 많을 줄이야. 동급생들의 무서운 재능 앞에서 시인이 되고 싶다는 꿈을 조용히 접으며, 나는 글을 쓰는 사람보다 읽는 사람이 되어야겠다고 생각했다.

한국의 민주화는 1987년 6월에 이루어졌다고 말할 수 있겠으나, 나를 비롯한 그 당시 청년 세대들은 사회가 아무엇도 변하지 않았다고 느꼈다. 5.18 광주민주화운동이 공론화되기 전까지 1980년은 끝났다고 말할 수 없었다. 답답한 청년들의 마음이 고스란히 반영되어 그 시기에 이례적으로 베스트셀러가 된 일본소설이 바로 무라카미 하루키의 『노르웨이의 숲』이다. 한국어 초판 출간 당시의 제목은 '상실의 시대'였다. 한국 젊은이들의 좌절감과 허무주의를 건드리는 제목이었다. 하루키는 이 제목을 반대했는데 문학사상사 출판사가 어떻게든 이 제목으로 출간하고 싶다며 양보하지 않았다고 한다. 이데올로기나 민족 같은 큰 담론이 아니라 개인의 작은 이야기에 심취할 구석이 필요했던 청년들에게 하루키의 작품은 한국과 일본 간 감정의 공유를 일으켰다. 문학이 두 나라를 이어주는 토양이 되는 경험이었다.

이런 개인적이며 시대적인 배경 덕분일까. 한강의 소설 『소년이 온다』가 2014년 한국에서 출간됐을 때, 나는 곧바로 일본어판 출간을 마음먹었다. 폭력에 대한 작가의 섬세한 저항은 비단 한국에서만 받아들여질 담론이 아니었다. 앞서 쿠온 출판사에서 한강 작가의 작품을 내놓으며 곧장 작업에 착수할 수 있는 환경도 마련되어 있었기에 2016년 '새로운 한국문학' 시리즈 열다섯번째 책으로 일본어판 『소년이 온다』가 출간되었다.

한강 작가가 노벨문학상을 받기 4년 전이었던 2020년 11월, 일본 독자들은 한강 작가를 화면으로 만나게 되었다. K-BOOK 페스티벌의 초대작가였던 그녀는 그간 '한강 문학'을 번역해온 번역가들의 강연이 끝난 후 화면으로 등장했다. 그녀는 조용히 독자들과 인사 나누고는 이윽고 작품 이야기로 그들을 매료시켰다. 유튜브 라이브의 댓글 창에는 '조심스럽고 낮은 목소리가 마치 그녀의 작품 같다'는 반응이 많이 올라왔다. 지금 무슨 작품을 쓰고 있냐는 마지막 질문에 그녀는 "지극한 사랑 이야기"라고 답했다. 시기상 소설 『작별하지 않는다』를 가리키는 표현이었지 싶다.

『작별하지 않는다』와 『소년이 온다』는 이어져 있다. 광주에서 벌어진 학살과 제주에서 발생한 폭력의 주체를 겹쳐놓음으로써, 작가가 말하고자 하는 것이 제주라는 한정된 공간에 머물지 않음을 나타낸다. 더 나아가 주인공 인선이 만든 단편영화는 베트남에 사는 한국군 성폭력 생존

자 인터뷰를 담고 있기도 하다. 작가의 시선은 한국에만 머물러 있지 않았다. 그 시선이 머무는 곳에 독자들도 눈길을 준다. 작가는 이내 그곳의 아픔을 함께 느끼게 만든다. 문학작품이 해내는 역할이다.

    광주에서 태어나 여덟 살까지 그곳에서 살았던 한강 작가는 노벨문학상 수상기념 강연에서 '어떤 일이 있어도 인간으로 남는다는 것은 무엇일까'라는 질문을 스스로에게 던지며 소설을 써왔다고 말했다. 이것은 나 자신도 오래전부터 스스로에게 던져온 질문이기도 하다. 인간으로 남는다는 것은 무엇일까. 그냥 인간으로 남는 것이 아니라 '어떤 일이 있어도'라는 간절한 전제가 붙은 질문. 문학은 우리에게 그 질문을 잊지 않도록 도와준다. 인간으로 남는다는 것은 결국 그 질문 하나를 놓지 않는 것일지도 모른다.

4부

책방이라는 세계

모두의 보금자리

　세상에 없는 것을 처음으로 만드는 데에는 아주 큰 용기가 필요하다. 1991년 일본에서 유학생활을 시작하고 사회생활을 이어나가면서도, 나는 항상 일본 내에서 한국어가, 한국서적이 어떻게 노출되는지 관심을 가졌다. 한국인이자 문학도였기에 더욱 눈길을 주었는지도 모르겠다. TV 프로그램 〈NHK 한글 강좌〉를 보면서 한국어가 어떻게 일본어로 표현되는가를 공부했고, 책방에서 어떤 한국 책이 번역되었나를 늘 살펴보는 사람이었다.

대학교를 다니면서 여러 나라에서 온 친구들과 함께 '번역집단 시카고'라고 그럴듯한 상호를 붙여 번역 일을 한 적도 있다. 우리는 전단지를 만들어 각 방송국, 신문사에 팩스를 보내 일을 따내곤 했다. 당시 한국어를 번역하는 곳이 그렇게 많지 않았기 때문에 시카고에는 생각지도 않은 큼직한 곳으로부터 의뢰가 들어오기도 했다. 가장 기억에 남는 큰 업무는 무려 가수 셀린 디옹의 부도칸■ 공연이었다. 그때 우리는 다국적 집단답게 영어, 프랑스어, 한국어 통역 서비스를 도맡았다.

캠페인이나 행사 말고 좀더 일상적인 공간에 집중한 것도 이 무렵이다. 일본 내에 한국이 더욱더 스며들기를 바랐다. 그렇게 눈에 들어온 것이 안내판이었다. 지금의 일본, 특히 도시라면 어디서든 쉽게 한국어를 볼 수 있다. 웬만한 대형시설 속 안내판에 한국어가 당당히 자리하고 있으니까. 하지만 90년대 초는 전철이나 공공장소에 한국어나 중국어 안내 표기가 없던 시절이다. 나는 여느 때처럼 끈기와 성실함을 무기로, 구청이나 전철회사에 끊임없이

■ 도쿄 지요다구에 자리한 대형경기장. 일본의 대표적인 공연장으로 이곳에서 공연할 수 있다는 것이 인기의 지표가 되기도 한다.

팩스를 보냈다. '한국어와 중국어를 병기해달라'는 청원이었다. 청원문 안에는 〈NHK 한글 강좌〉와 한글검정능력시험이 항상 예시로 등장했다. 논조는 이러했다. 주요 방송사인 NHK에서 한국어 강의를 방영할 정도로 일본에는 한국어 학습자들이 많고, 심지어 검정시험을 보는 사람이 점점 늘고 있지 않느냐, 앞으로 일본을 방문하는 한국인들은 점점 많아질 것이니 한국어 서비스를 하루라도 빨리 준비해야 한다고! 물론 나만의 청원으로 이뤄진 것은 아니겠으나 30년이 훌쩍 넘은 지금 주요시설에는 영어뿐 아니라 한국어가 함께한다는 사실이 무척이나 뿌듯하다.

여전히 나는 일본사람들 틈에서 한글이 얼마나 자리하고 있는지를 살핀다. 예전에는 텍스트로 적힌 한글을 찾았다면, 요즘은 접근법이 조금 달라졌다. 아무 프랜차이즈 카페에 가서 슬쩍 한국어로 주문을 해보는 것이다. 또박또박 한국어로 "뜨거운 아메리카노 하나요" 하고 주문해보기. 그럼 스태프는 1-2초 정도 얼어붙지만 곧장 땡하고는(하지만 여전히 입은 꾹 다문 채) 결제를 도와준다. 갑작스러운 외국어 공격에 당황했으나 간단한 한국어는 알아

듣는다는 뜻이다. K-POP과 한국드라마 덕분이다. 재밌는 것은, 이 한국어 주문을 몇 달 뒤 같은 가게에서 다시 시도해보면 그때는 더듬더듬 한국어로 주문을 재확인해주는 수준으로 실력이 레벨 업 되어 있을 때가 많다는 점이다. 그럼 나는 또 혼자 흐뭇해진다.

처음 한국문학 출판사를 차리겠다고 선언했을 때 모두가 우려했고, 한국어 원서 책방을 내겠다고 했을 때는 모두가 반대했다. 하지만 각종 콘텐츠 앞에 붙는 대문자 'K'의 세계는 나 같은 사람의 꿈을 이스트 삼아 계속해서 부풀어오르고 있다. 그러니 새로운 것을 하려는 사람에게 필요한 것은 걱정이 아니라 응원이다. 책임감 없는 낙관주의로 대하는 것이 아니라 진심으로 함께하겠다는 응원. 적어도 나만은 걱정보다는 응원을 보내주겠다. 열기를 더해 어느 아름다운 세계가 끝을 모르고 커질 수 있도록.

좋아하는 것을 바로 하기

책거리는 일요일부터 월요일까지 그리고 연말연시(약 일주일 정도), 여름휴가(약 일주일 정도)가 정기휴일이다. 휴일에 책방 문을 열지는 않지만 내부에서 일하고 있노라면 빼꼼 문을 열고 들어오는 분들이 있다. 이런 분들은 거개가 멀리서 오신 분들이다. 도쿄에 온 김에 책거리까지 찾아오신 분들. 어찌 환대하지 않겠는가. 심지어 3층까지 걸어서 올라오신 분들인걸.

어느 월요일의 저녁 시간대였다. 출판사에서 편집자 생

활을 오래한 친구가 회사를 그만두고 독립했다는 전화를 걸어왔다. 그럼 조만간 축하파티를 해야지 했더니 "지금 당장도 가능해. 지금 진보초에 있으니 책거리로 갈게" 하더라. 이런 번갯불에 콩을 튀겨먹을 인사가 있나. 그러곤 잠시 후에 진짜로 그녀가 책거리에 나타났다. 나에게 꼭 소개해줄 친구라며, 마리오씨와 함께였다.

마리오씨는 출판에이전시 일을 하는 동시에 그 본인이 일러스트레이터였다. 두 여자와 함께 수다를 떨면서도 마리오씨는 연신 노트에 우리가 나눈 일화 속 장면들을 그려냈다. 이야기가 만화가 되는 순간을 목도하니 신기할 따름이었다. 이러다가 애니메이션도 되겠네 싶을 정도로 순간순간을 잘 포착해 아주 빠르게 그려냈다.

일련의 수다 파티를 끝내고 나는 마리오씨에게 쿠온에서 만든 책을 몇 권 소개했다. 그는 내 프레젠테이션을 듣더니 그 자리에서 책을 무려 여섯 권이나 구입했다. 쿠온의 책은 그리 싼 편도 아닌데, 오늘은 정기휴일인 월요일임에도 매출을 올려버리고 말았다. 나의 영업 능력이 이렇게나 좋았던가! 마리오씨가 구매한 책 가운데 최은영 작가의 소설 『쇼코의 미소』가 있었다. 마리오씨는 지나가는 듯이 말했다.

"내 딸 이름도 쇼코예요."

"쇼코, 만나고 싶네요."

신심이었다. 마리오씨가 책을 사주었기에 한 비즈니스 토크가 결코 아니었다.

다음 날, 어떤 분이 "우리 남편이 사온 책들을 보다가 그 책방에 가보고 싶어져서 다녀왔다. 정말 따뜻한 분위기의 책방이었다"라는 글과 함께 자신이 산 책들 사진을 SNS에 올려주셨다. 마리오씨의 아내분이었다. 오오, 그러니까 남편은 월요일, 아내는 화요일의 책거리 손님이 되어주셨군. 그리고 또 며칠 후 이번엔 마리오씨 가족이 책거리로 출동했다. 물론 '쇼코'도 함께였다. 쇼코는 열심히 책을 고르고는 의젓하게도 스스로 책값을 지불했다.

대부분의 일본인들은 자신이 생각하고 느낀 바를 타인에게 잘 드러내지 않는다. 그 감상이 다른 이에게 불편함을 줄까, 실례가 될까를 걱정하는 것이다. 하지만 마리오씨는 느낀 것을 바로바로 그림과 말로 표현하는 사람이었다. 보는 사람도 당사자도 스트레스가 없는 소통방식이다. 이른바 좋아하는 것을 바로 하는 사람. 조금이라도 '이거다!' 싶으면 곧바로 실행해버리는 내가 꾸려가는 서점 책거리에는 이런 손님들이 제법 있다. 점주와 짝짜꿍이 잘 맞는 훌륭한 책거리 손님들이다.

요조가 무엇인가요?

2015년 10월의 가을, 멋 내기 아주 좋은 계절이었다. 오후 3시쯤 중절모를 쓰고 흰 바지에 흰 구두를 신은 신사가 책방에 들어왔다. 도쿄의 10월은 가을이라지만 여전히 더운데도 멋을 부린 분이다. 한국을 연구하시는 분들 가운데 이런 멋쟁이는 좀 드문데……. 이분은 무슨 책을 사러 오셨을까. 그는 책방을 둘러보지도 않고 바로 카운터로 와서 물었다.

"요조의 책을 찾고 있습니다."

"'요조'? 요조가 무엇인가요?"

신사는 나에게 '요조'가 한국의 싱어송라이터라고 알려주며 자신의 스마트폰으로 그녀의 동영상을 보여주었다.

신사가 찾는 책은 가수이자 작가인 요조의 『요조, 기타 등등』이었다. 검색해 바로 알라딘 장바구니에 넣었다. 신사는 어느 홍대 클럽에서 요조의 공연을 보고 난 뒤로 그녀의 팬이 되었다고 말했다. 그후로 서울에 갈 때마다 그녀의 공연을 챙겨 보는데 지인으로부터 그녀가 쓴 책이 있다는 말을 듣고 이 책을 사고 싶어졌단다. 그래서 한국 책 파는 곳을 주변에 물어물어 책거리의 존재를 알게 되었다고. 아이고, 반갑습니다. 감사합니다. 그는 그렇게 『요조, 기타 등등』을 두 권 주문했다. 한 권은 보관용이고 한 권은 열람용으로 쓸 것이란다. 얼마나 좋으면 보관용, 열람용을 따로 구입하는 것일까. 그 마음이 궁금해 나도 읽으려고 알라딘 장바구니에 한 권을 더 넣었다.

일주일 후 책이 도착했다고 연락했더니 즉각 방문해주셨다. 책을 받아보고는 얼굴 가득 흐뭇한 웃음을 지으며 천천히 한 장 한 장 넘긴다. 그러고 나서 나를 쳐다보며 무슨 이야기가 쓰여 있는 거냐고 물으셨다. 으잉? 한글을 모르신다고요……. 급한 대로 목차를 띄엄띄엄 알려드리자 비용은 지불할 테니 내게 이 책을 개인 소장 용도로 번역해달라 부탁하셨다. 덕분에 나 또한 이 책을 깊게 읽을 수 있었다.

『요조, 기타 등등』은 요조 작가의 첫번째 에세이집으로 제목 그대로 요조, 기타guitar, 등등etc.이 담겨 있다. 작가가 직접 선곡한 노래 서른 곡을 기반으로 기타 치고 노래하는 그녀의 일상과 사랑, 추억, 작사·작곡 뒷이야기 그리고 그 외 '기타 등등'의 사연들이 이어진다. 게다가 그 노래들을 연주할 수 있는 기타 악보가 있는 특이한 책이었다. (악보 책들이 그렇듯이 이 책 역시 사이즈가 커서 책장에 쉬이 넣을 수가 없었다.)

"기타를 소유하는 일의 즐거움은 무궁무진하다. 그것을 연주해도, 연주하면서 노래까지 불러도, 그냥 들고만 다녀도, 아니 어릴 때의 나처럼 집에 굴러다니는 걸 보기만 해도."

_요조, 『요조, 기타 등등』, 26쪽

번역하면서 나도 요조에게 빠져들었다. 요조는 기타를 '작은 가구'라고 표현한다. 어느 집에나 있는 가구처럼 늘 그 자리에 놓여 있는 악기. 항상 그곳에 있으리라 믿어 의심치 않는 친근한 존재로서, 도종환 시인은 어떤 시에서 와이프분을 가구라고 하셨지……. 연상이 이어지자 기타를 가구로 표현한 요조에게 금세 친근감이 들었다.

그녀는 그 당시 책방무사를 서울 북촌에 막 열기도 한 터였다. 뮤지션 요조에서 작가 요조로도 모자라 책방 주인 요조로 변신하다니, 이런 근사한 사람이 있나. 출장길에 부푼 마음으로 책방을 찾아가보았었다. 하지만 가는 날이 장날이라고 문은 닫혀 있었다. 그후로 책방 주인으로서 쓴 『오늘도, 무사』, 임경선 작가와 함께 쓴 『여자로 살아가는 우리들에게』, 떡볶이 찬사 『아무튼, 떡볶이』까지 열심히 쫓아 읽었다. 이렇게 명징한 성장 기록이라니! 나는 곧장 책거리에 요조 코너를 만들었다. 책거리 점장들도 신나게 소개하고 열심히 팔았다. 나는 그보다도 더 신나서 쿠온에서 『아무튼, 떡볶이』의 번역출판계약까지 서둘러 진행했다. 번역은 책거리 화요일 점장인 사와다 교코씨가 맡았다. 대학 시절 교환학생으로 서울에서 지내본 경험이 있는 교코씨의 '떡볶이 사랑'이 작품 속에서 십분 발휘되었다.

책이 나왔으니 북토크를 하는 것이 당연하다. 자연스럽게 2020년 K-BOOK 페스티벌에서 간행 기념 북토크를 기획했고, 코로나가 한창이라 그녀는 서울의 한 스튜디오에서 줌으로 이야기와 노래를 들려주었다. 이 현장은 유튜브 라이브로도 송출되었는데, 과연 중절모 신사는 영상을 보았을까.

책방에 있다보면 손님을 통해 알게 되는 것이 정말 많다. 요조 작가 덕에 멋진 신사가 우리 고객이 되기도 했지만, 신사 덕에 요조를 알게 되는 행운도 있었다. 경계 없이 원하는 일을 성큼성큼 해나가는 요조 작가. 다자이 오사무의 소설 『인간실격』의 주인공 '오바 요조'에서 따온 이름이라는데, 이 비극적 세계관을 가진 인물의 어떤 점에 끌렸을까.

애도의 시간

"세상에서 가장 즐거운 엔터테인먼트는 누가 뭐라고 해도 소설 읽기죠."

출판사 헤이본샤의 사장인 시모나카 미토씨와 식사하면서 이런 이야기를 나눈 적이 있다. 그것의 연장선일까, 내가 입원하게 되었다는 말을 듣고 미토씨가 병원에서 읽으라고 고다 아야의 책을 여러 권 가지고 오셨다. 고다 아야는 일본의 대문호 고다 로한의 딸로, 본인도 소설과 에세이로 유명한 작가다. 한국에서는 영화 〈퍼펙트 데이즈〉에서 주인공이 매일 밤 잠자리에 누워서 읽는 에세이인

『나무』로 조금조금 이름을 알리는 작가다.

미토씨는 자신이 몇 년 전 유방암 수술을 받아 입원생활을 했을 때, 고다 아야를 읽으며 병을 이겨냈다는 말도 힘께 덧붙이셨다. 이후 그녀는 병만 이긴 게 아니라 자사에서 고다 아야 에세이 전집을 내기까지 했다. 병을 이기게 해준 책이라니, 나도 어서 읽고 일어나야지 하는 의지가 솟았다. 선물받은 여러 권 중에서 내 마음에 꼭 들어온 작품은 소설 『부엌에서 들리는 소리台所のおと』(2021)였다.

단골이 제법 있는 작은 요릿집의 주인 사키치는 병으로 드러눕게 된다. 미닫이 한 장을 사이에 두고 바깥은 부엌인 공간에서 그는 스무 살이나 어린 부인 아키가 부엌일 하는 소리로 그녀가 어떤 요리를 만드는지 상상한다. 노련한 요리사인 사키치는 부엌 소리만 들어도 아키가 어떤 움직임을 하는지 아주 작은 차이도 알아챈다. 물소리만으로 씻고 있는 것이 시금치라는 것을 아는 정도다. 숫돌과 칼날이 스치는 소리를 들으며 '어느 쪽도 지지 않는 고집이 강한 소리구나' 생각하고, 찻잎 통 뚜껑을 여는 소리가 들리면 '아, 손님들이 조금 후면 돌아가겠구나' 가늠한다. 그후 아키는 의사로부터 사키치의 여생이 얼마 남지 않았다는 말을 듣고 그 말을 전할지 말지 고민하지만 그녀는 결코 그에게 내색하지 않는다. 하지만 사키치는 자신이 새우 튀기는 소리를 비 오는 소리로 착각하는 것을 보며 살날이 얼마 남지 않았음을 짐작한다. 사키치가 아키를 생각하는 마음, 사키치를 향한 아키의 배려. 참으로 잔잔한 러브스토리다.

고다의 문장을 읽으면 보통의 일상 장면 하나하나가 소중해진다. 그녀 덕분에 나 역시 병원생활을 무료하지 않게 이겨낼 수 있었다.

그러던 어느 날 오가 사장님으로부터 미토씨가 파트너를 잃고 상심에 빠져 있다는 연락이 왔다. 힘낼 수 있는 책을 추천해달라 요청했다. 아픈 사람에게도 책을 권하는 어쩔 수 없는 책벌레들이다. 사랑하는 이를 잃어 상심에 빠진 사람에게는 어떤 책이 좋을까. 바로 작품 하나가 떠올랐다. 츠쯔젠의 『어얼구나 강의 오른쪽』이었다.

"나는 어윈커의 여인이다. 우리 부족 마지막 추장의 여인이다"라고 말하는 주인공의 시선으로 본 중국 소수민족 어윈커족의 백년 역사를 다룬 호흡이 긴 소설이다. 어얼구나강은 헤이룽장성 서남쪽 변경에 위치하며, 오늘날 네이멍구 동북부에서 중국과 러시아의 국경을 가르는 강이다. 1689년 7월 24일 청나라와 러시아 사이에 맺어진 네르친스크조약으로 인해 어얼구나강은 오른쪽과 왼쪽으로 나뉘게 되고 그 명칭도 둘로 갈라지게 되는데, 어얼구나강의 오른쪽에서 사는 어원커족의 스토리가 격동의 인생을 회상하는 마지막 추장의 아내 '나'의 목소리로 새벽 - 정오 - 황혼으로 나누어 전개된다. 중국 소수민족의 시작과 끝을 아우르는 이야기가 장엄하면서도 부드럽고 따뜻하게 진행된다. 결혼해 아이를 낳고, 그 아이들이 또다른 가정을 꾸리며 이어져온 한 공동체의 삶. 그 속에는 자연을 벗삼아 순록을 키우며 살아가는 순진한 사람들의 이야기가 있고, 운명 같은 사랑 이야기가 있고, 소박한 즐거움도 있으며, 자식이 죽을 것을 알면서도 다른 이의 목숨을 구할 수밖에 없는 어미의 사무친 모정도 담겨 있다. 거대한 자연 속에서 긴 시간 펼쳐지는 스펙터클한 인간의 영위가 책을 읽는 동안 자신을 더 크게 만들어주는 것을 느낄 수 있다.

미토씨는 사장직에서 물러나 지금은 회장이 되었다. 애도의 시간이 조금 더 필요하다고 했다. 병이 났다면 부드러운 죽을 먹어야 하듯 마음이 불편할 때에는 읽는 문장도 결이 고운 게 낫다. 하지만 사별이든 이별이든 사랑하는 이와 헤어져 마음이 아프다면 그 어떤 것에도 탈이 난다. 그때는 그저 충분히 시간을 들여 아파해야 한다. 그리고 슬픔에 빠진 마음을 천천히 일상으로 되돌릴 무렵에는 이런 장대한 스토리의 소설이 큰 도움이 된다. 미토씨가 병든 나를 일으키기 위해 고다 아야 작가를 보내주었듯, 나도 그녀에게 츠쯔젠 작가를 보낸다. 부디 애도의 시간을 그녀가 무사히 지나오기를.

1년간의 투병을 마치고 도쿄에 돌아온 나에게 미토씨는 햇볕을 많이 쬐라고 조언해주었다. 햇볕은 그 어떤 약보다 좋다고 했다. 정말 그런지 확인해보려고 한다.

공룡과 함께 걷는 법

책거리는 한국 신간을 출간 하루이틀 안에 만나볼 수 있는 로드 숍이다. 온라인으로는 아마존amazon이라는 거대한 유통망이 있지만, 오프라인 한국 서점은 책거리가 유일하기에 우리는 한국어 원서를 직접 보고 고르기를 원하는 고객들의 지대한 사랑을 독차지하고 있다. 정확히는 '있었다'.

2018년 여름, 일본의 국내 프랜차이즈 서점인 기노쿠니야紀伊國屋가 한국의 교보문고와 제휴를 맺어 한국어 원서를 판매할 것이라는 뉴스가 떴다. 기노쿠니야는 1927년에 설립되어 일본 전국에 71개의 점포가 있는 대형서점이다. 게다가 미국의 샌프란시스코를 비롯해 싱가포르, 두바이 등 해외 판매점도 30개나 된다.

뉴스를 보면서 몇 년 전 대만 여행 때 들렀던 기노쿠니야 타이베이 지점을 떠올렸다. 단독으로 일본어 원서를 취급하는 서점이었다. 그때 '아, 일본문학은 이렇게 강하구나!' 생각하며 많이 부러워했었다. 그후 한국의 어느 웹진에 타이베이의 기노쿠니야 서점에 대한 소감을 쓰면서, 왜 우리는 다른 나라에 한국 서점을 하나도 내지 못할까 아쉬워하는 원고를 쓰기도 했다. 이게 불과 몇 년 전의 일이다.

그런 생각으로 도쿄에 책방을 차린 것은 아니지만, 결과적으로 나는 세계적인 책방거리 진보초에 한국 책을 전문으로 파는 책방을 차려 신나게 일하고 있다. 신나게 일할 수 있었던 것은 아무 경쟁상대가 없어 장사하는 데 눈치볼 일이 없다는 점도 큰 요인으로 작용했다. 그런데 우리 앞에 공룡이 나타난다는 것이다.

기노쿠니야와 교보문고와의 제휴라니, 어떤 형태일까. 모든 기노쿠니야 서점에 한국어 원서 코너가 들어가는 걸까 아니면 타이베이 지점처럼 단독 서점이 생기는 것일까. 그들은 인터넷으로도 판매할까. 가격은 어떻게 매길까……. 걱정이 이만저만이 아니었다. 아침에 책방 나가는 것이 신나고 손님들 만나는 게 즐거웠는데, 아직 오픈도 하지 않은 서점을 혼자서 공룡으로 만들어놓고 사서 마음고생을 하고 있었다. 몇 년 전에 '왜 한국은 다른 나라에 서점 하나 내지 못하는가' 한탄해놓고서 말이다.

2주 가까이 고민하다가, 어느 모임의 간사인 아베씨를 통해 기노쿠니야 신주쿠 본점의 본부장인 니시네씨의 연락처를 받았다. 다음 날 바로 연락하려던 참이었는데 기노쿠니야에서 먼저 우리 책방으로 연락을 주었다. 책거리에 들러 인사하고 싶다는 것이다. 호랑이가 따로 없군. 며칠 지나지 않아 니시네 본부장과 본사 해외사업부 총괄자, 한국어 원서 담당자가 책거리를 찾아왔다. 한국어 원서는 신주쿠 본점 1층 특설 코너에 약 2000권 정도를 들여놓고 팔 것이며, 책거리와 공생할 수 있는 길을 찾아볼 것이라는 선비처럼 너그러운 말씀을 하셨다.

"책거리의 활약상은 이미 알고 있어요. 선배에게 인사를 온 셈이니 잘 부탁합니다."

끝에 덧붙인 말은 나도 언젠가 꼭 흉내내고 싶은 멋진 대사였다.

대형서점의 서비스와 동네서점이 제공하는 서비스는 물론 다를 테지만, 우리가 공동으로 취급하는 상품은 냄새도 같고 사이즈도 같은, 어디서 사든 토씨 하나도 다르지 않을 '책'이다. 아무리 경쟁하지 않는다고 해도 영세사업자로서 두려움은 없어지지 않았다. 가을이 지나 겨울이 올 무렵인 그해 11월 말, 기노쿠니야 신주쿠 본점에 드디어 한국어 원서 코너가 들어섰다.

새로운 코너의 오픈을 알리는 장식이나 행사가 있을 줄 알았는데 그렇진 않았다. 마치 백년 전부터 그 자리에서 판매해온 양 아주 자연스럽게 한글로 쓰인 책들이 책장을 가득 채우고 있었다. 무라카미 하루키와 히가시노 게이고의 소설, 마스다 미리를 포함한 각종 만화들, 『총 균 쇠』나 『사피엔스』, 『팀장 리더십 수업』과 『자존감 수업』 같은 인문서와 자기계발서, 박민규와 한강, 김애란 등 젊은 작가들의 작품과 함께 『토지』, 『태백산맥』 등 대하소설들까지…… 다양한 장르의 도서가 위풍당당하게 진열되었다.

세세히 살펴보니 유학생, 주재원 등 일본에 사는 '한국인'을 구매층으로 상정한 큐레이션으로, 책거리의 장서 목록과는 크게 차이가 났다. 우리는 한국어를 학습하는 '일본인'에게 중심을 두어 그들이 즐길 수 있는 그림책과 에세이 같은 문학, 역사와 인문서, 학습서 위주로 구성한다. 물론 처음부터 그런 구성이었던 것은 아니다. 단골손님이 하나둘 생기고, 책이 팔려나가는 데이터를 보면서 천천히 바꾸어온 것이다. 베트남이나 다른 언어권의 독자들과 달리 일본에 사는 한국인들은 모국의 인터넷 서점에서 책을 직접 구입한다. 배송료를 포함해도 여러 권일 경우 현지 서점에서 구입하는 것보다 저렴하기 때문이다. 이는 우리 책거리도 같은 사정이라 한국어권자를 구매층으로 보지 않는다. 우리와 고객 대상이 다르다면 조금은 안심이다. 나는 돌아가는 길에 기념 삼아 김수영 시인의 시선집인 『거대한 뿌리』를 한 권 샀다. 우리 서점에는 없는 책이었다.

　하지만 한국어 원서 코너가 오픈한 지 넉 달 정도 지난 시점에 기노쿠니야 큐레이션에는 많은 변화가 생겼다. 일본 독자들이 많이 찾는 책들로, 그러니까 책거리랑 비슷한 라인업으로 책장이 바뀐 것이다! 게다가 그 옆에는 일본어로 번역된 한국 책들이 원서와 함께 손님들을 맞이하고 있었다. 우리가 수년에 걸쳐 얻어낸 깨달음을 기노쿠니야 서점은 몇 달 사이에 간파해내고 말았다.

그래서, 공룡의 출현으로 매출이 줄어 우리가 울상을 짓고 있는가? 아니었다. 오히려 매출이 올랐다. (책거리는 아주 소폭이지만 오픈 이래 계속 매출이 늘고 있다.) 그후 미디어 노출도 많아져 지방에서 찾아오는 손님들도 늘었고, 무엇보다 인터넷 판매가 그사이에 부쩍 늘었다. 특별히 프로모션을 한 적이 없으니 책거리의 자발적인 노력 덕택이라 볼 수밖에 없지……라고 결론을 내릴 뻔했는데, 그게 아니었다. 우리는 나름 선배 된 입장에서 기노쿠니야 한국어 원서 팀 SNS에 응원차 열심히 '좋아요'를 누르고 댓글을 달아왔는데, 그것이 책거리를 몰랐던 고객들에게 책거리를 알린 셈이 되었고 감사하게도 구매로까지 이어진 것이었다. 쉽게 말하면 공룡 덕에 '한국 책' 시장이 커진 것이었다. 대형서점에 생긴 한국어 원서 코너로 독자분들도 기뻐하셨겠지만, 가장 덕을 본 사람은 나를 비롯한 우리 책거리 스태프들이었다. 니시네 본부장이 말했던 "경쟁이 아니라 공생으로 가는 길"이란 어쩌면 이런 것을 염두에 둔 것이구나 싶었다.

기노쿠니야 한국어 원서 코너는 3년 정도 지나 자연스럽게 학습서 코너 근처로 자리를 옮겼다. 이른바 축소된 것이다. 책이 팔리지 않아서라기보다 원서를 인터넷 서점에서 직접 사는 이들이 늘어났기 때문이다. 한글에 정통한 독자들이니 애초에 한국어로 구성된 인터넷 서점의 문턱이 높지 않을 것이고, 예전처럼 공인인증을 요구하지 않은 사이트들도 많아져 책을 직구하는 사람이 늘었다. 이 흐름은 당연히 책거리에도 직격탄이다. 한국어 책을 종종 구매하던 단골들이 뜸해 연락해보면 거개가 직구를 한다고 귀띔해주었다. 얼마나 싼지 나도 직접 직구를 해보았다. 음, 한두 권을 산다면 배송비가 비싸게 책정되긴 하지만 여러 권을 사면 책거리보다 저렴해졌다. 또다른 공룡의 출현이다. 하지만 우리는 더이상 공룡의 출현을 무서워하지 않게 되었다. 공룡과 함께 갈 수 있다는 가능성을 몸소 체험했으며 우리가 가장 잘하는 것들을 차곡차곡 쌓아온 8만 7600시간의 세월 덕분이다.

책방과 러브레터

서서 읽기만 하는 그 손님

커다란 가방을 어깨에 걸친 채 역사 인문서 코너에 서서 책을 읽는다. 벌써 한 시간이 넘었다. 매일 책방 문을 열자마자 들어와서 그길로 책 속으로 빠져든다. 한길사에서 나온 총 12권짜리 『리영희 저작집』이다. 벌써 일주일 넘게 들락거리며 1권부터 차근차근 독파해나가고 있다. 책을 사지는 않고 매일 출근하듯이 와서 책을 읽고만 가는 사람은 점주의 눈에 썩 곱지 않다…… 아니다, 책을 읽는다는 것은 책을 살 준비를 하는 것이다. 책방에 와서 책을 펼쳐보지 않고 휘리릭 둘러만 보고 가는 사람들도 있는데 책에 관심을 갖고 있는 것이 그나마 다행이다……라고 마음을 고쳐먹는다.

어느 날 《한겨레신문》의 한승봉 기자가 이와나미북센터의 전설적인 책방지기인 시바타씨를 만나러 진보초에 왔다. 『시바타 신의 마지막 수업』이 한국어로 출판되어 그 책의 주인공을 취재하러 온 것이다. 나는 안내 역할을 맡았고, 취재를 마친 한 기자가 우리 책방도 둘러보고 싶다고 말해 흔쾌히 책거리로 모셨다. 그날도 역시나 커다란 가방을 맨 여성이 서서 책을 읽고 있었다. 한 기자와 나는 테이블에 자리를 잡고 이야기를 시작했다. 그러자 커다란 가방의 여성이 갑자기 다가와 한국어로 자신을 '하야미'라고 소개하더니 함께 이야기를 나누고 싶다고 끼어들었다.

대화를 나누는 것은 전혀 상관없지만 문제는 그녀가 하는 말이 무슨 말인지 하나도 알아들을 수가 없었다는 것이었다. 한국어와 일본어가 섞이기도 했을뿐더러 도무지 맥락을 알 수 없는 단어가 잔뜩 들어간 문장들이었다. 그 부분이 참 기묘하다고 생각했는데, 나중에서야 나는 하야미씨가 정신질환을 앓고 있다는 사실을 알게 되었다. 원래 한국 국적을 가졌던 하야미씨는 결혼을 하면서 일본으로 넘어와 살다가 정신질환에 걸렸고, 현재는 가족과도 함께 살지 못하고 혼자 사신다고 했다. 한 기자와 자리를 같이한 뒤로부터 하야미씨는 올 때마다 책을 읽지 않고, 이제는 스태프나 손님들에게 말을 걸기 시작했다. 여전히 도통 알아들을 수 없는 말들이었고 때로는 손님들에게 큰 소리를 지르기까지 해 책거리의 문제아가 되었다. 가게란 손님을 골라서 받을 수 없는 맹점이 있다.

하루는 용기를 내서 점심식사를 청했다. 거기서 조심스럽게 더이상 책거리에 오지 않는 게 좋겠다고 말했더니 왜냐고 내게 화를 냈다. 얼결에 "책방은 도서관이 아니에요……"라는 옹색한 변명을 하고 말았다. 이해해주셨는지 어땠는지 판별이 어려운 반응을 보였지만 그 자리를 끝으로 하야미씨는 한동안 책거리를 찾지 않았다.

몇 달이 지난 뒤 다시 하야미씨가 책방에 오기 시작했다. 이제는 올 때마다 책을 한 권씩 사기 시작했다. 종종 보자기 등 값나가는 잡화를 사기도 했다. 물건을 구매해주시니 손님인 것은 맞고, 나의 옹색한 변명에 대한 해결책을 찾아온 것 또한 맞지만 그녀는 여전히 누구도 알 수 없는 말들을 속사포처럼 쏟아내 우리 속을 끓였다. 스태프들은 내게 강단을 보여야 한다고 말했다. 보란 듯이 손님 역할을 수행하는 하야미씨에게 나는 '책을 사지 않아도 좋으니 우리 책방에 더이상 오지 말아달라'고 선고해야 하는 처지에 몰렸다. 손님이란 무엇이란 말인가. 우물쭈물, 우물쭈물. 내가 말을 못 꺼낸 이유는…… 그녀가 그토록 오랫동안 서서 읽던 열두 권짜리 『리영희 저작집』을 통 크게도 전부 샀기 때문이다. 항상 지니고 다니는 큰 가방에 책을 넣어가겠다는 것을, 5000엔 이상이라 무료배송이 가능하니 댁으로 보내드리겠다 안내하기도 했다. 아, 나는 말 못한다, 말 못해. 돈에 약한 사장을 스태프들이 어떻게 생각할까.

글을 쓰는 그 손님

하야미씨는 여전히, 그리고 꾸준히 책거리를 찾았다. 그녀는 늘 커다란 가방을 들고 통이 넓은 바지에 오버핏의 흰 셔츠를 즐겨 입는 패셔니스타이기도 하다. 책방은 도서관이 아니라는 내 말 이후로 그녀는 책거리에 오면 무엇이라도 꼭 하나는 구입해가지만 카운터 앞에 달라붙어 싸움을 거는 양 아무 말 대잔치를 벌인다. 스태프들의 스트레스 지수는 점점 높아가고 나에게 지워지는 무언의 압력이 점점 강해지고 있을 때였다. 그날도 오픈하자마자 들어와 카운터 앞에서 혼잣말을 하는 하야미씨에게, 그렇게 할말이 많다면 종이에 써달라고 그날의 점장인 애선씨가 한마디 던졌다고 들었다. 쓸 종이가 없다고 화답하는 그녀에게 A4 용지 한 장과 볼펜을 건넨 이후 지금까지 하야미씨는 쓰고 있다. 무려 2019년 여름부터 지금까지.

일주일에 세 번 이상 책거리에 오는 그녀는 오자마자 칠성사이다를 한 잔 시킨 뒤 두 시간 정도 집필에 몰두한다. 집필을 마치면 만면에 미소를 띠며 이 글을 '김상'에게 전해달라고 하고 조용히 나간다. A4 용지 두세 장, 앞면과 뒷면을 빼곡하게 메웠다. 필압이 상당해 마치 점자책 같다. 일본말을 한글로 풀어 써 일본어와 한국어가 '짬뽕'된 문장이 특징이다. 그날 아침에 본 TV 프로그램 〈와이드쇼〉 내용이며 전철 옆자리 사람들의 대화 내용 등 주로 외부에서 들은 일본말들을 두서없이 한글로 나열하여 해독이 필요하다. 사실상 글로 된 혼잣말이다. 여전히 알 수 없는 내용. 사람의 말은 그 사람의 생각이고 글 역시 그 사람의 생각이니, 말과 글은 같은 선상의 것인가…… 그렇다면 나는 그녀의 생각만큼 글도 말도 알 수 없다.

2020년 2월, 코로나가 전 세계를 덮쳤다. 코로나의 진정한 정체를 파악하지도 못한 채 모두가 마스크 한 장에 의존해 매일 감염자 수에 민감하게 반응했다. 상대의 정체를 모르는 것이 이렇게 공포스럽다는 것을 처음 알았다. 하지만 세상이 어수선할 때에도 하야미씨는 변함없이 책거리에 찾아와 글을 집필했다. 코로나가 극에 달한 그해 4월, 5월에는 결국 책거리도 임시휴업을 내걸었는데, 이때도 그녀는 우리가 책방 안에서 근무하는 것을 알고 빼곡하게 쓴 종이를 주고 갔다. 그 시기 하야미씨의 글에는 대구에 감염자가 많이 발생했으나 바로 '드라이브스루' 방역체계를 세웠다며 K-방역은 전 세계적으로 인정받는 수준에 이르렀다는 등의 이야기가 맥락 없이 등장했다. 아마 연일 터지는 한국 관련 뉴스를 따라 적은 듯했다.

6월에 들어서서야 우리는 책거리 영업을 재개할 수 있

었다. 문이란 문은 다 열어 하루종일 환기해야 했고, 사람이 오래 머물지 않도록 어쩔 수 없이 카페 운영은 중단하게 되었다. 카페를 위해 마련했던 장구 모양의 의자는 가게 구석구석으로 옮겨졌고 그 위에 런천 매트를 깔고 책을 세워 근사한 진열대로 탈바꿈시켰다. 그리고 여섯 개의 테이블을 붙여서 책의 펼침면을 볼 수 있는 진열대로 활용했다. 아쉬운 기색을 보일 틈도 없이 책거리는 북 카페에서 북숍으로 바로 바뀌었다. 다행히 손님들이 다시금 찾아와주셔서 책방의 역할을 유지할 수 있었다. 물론 하야미씨도 오셨다! 바뀐 구조에 가장 놀란 사람이 하야미씨였다.

"이제 어디서 글을 쓸 수 있나요?"

그녀의 절규에 가까운 질문이 새삼 놀라웠다. 하야미씨에게는 책방이 바뀐 것이 아니라 앉아서 글을 쓸 공간이 없어져버린 것이다. 그녀를 안심시키기 위해 2층 카페 '클라인 블루 Klein Blue'에 데려갔다. 클라인 블루는 카페 겸 바로 같은 자리에서 1980년도부터 영업을 해오고 있는 곳이다.

"하야미씨, 여기서 쓰시면 됩니다."

2021년 12월, 하야미씨는 같은 건물 2층의 카페에서 종이 한가득 글을 써와 '김상'을 찾는다. 스태프들은 이것을 '하야미상의 러브레터'라고 부른다. 2025년, 지금도 그녀의 러브레터는 계속되고 있다.

책방이 책방만으로 남지 않도록

한국에 여러 특색 있는 동네서점이 생기는 것이 참 반갑다. 도쿄에서 한국 책방을 준비하기로 마음먹은 2013년부터 한국 출장길에 나설 때면 서울은 물론 부산까지 여러 군데를 돌아다녔다. 처음부터 책거리의 디자인을 '책이 중심이되 다른 콘텐츠와 협업하는 책방'으로 결정한 까닭에 컬래버를 잘하는 곳을 참고차 찾아다닌 것이다. 그렇게 만나게 된 서울의 길담서원과 부산의 인디고 서원은 돌아본 여러 책방들 가운데 가장 많이 참고한 책방이다.

인디고 서원의 멋진 건물을 처음 봤을 때 파주 출판도

시의 큰 건물들이 오버랩 되었다. 이 멋진 건물을 유지하려면 얼마나 많은 책을 팔아야 할까……. 역시 멋진 건물이 판매만을 위한 장소가 되어버리는 것은 아깝다. 인디고 서원은 서점이자 청소년을 위한 인문학 서점을 표방하고 있었다. 나는 내가 열 책방에 대해, 막연하지만 책을 팔면서 또다른 책의 시작점을 만들어내는 장(場)이 되어야 하지 않을까 궁리하던 참이었다. 그러려면 그 장을 내가 컨트롤할 수 있어야 한다. 물론 자금의 문제도 있다. 장이 크면 그것을 유지할 자금도 커져야 한다. 하지만 자금을 크게 잡을수록 내가 컨트롤하지 못할 자금도 들어오기 마련이다. 그런 점에서 홀로 장악할 수 있는 사이즈면서, 그 장을 마음껏 즐길 책과 또다른 콘텐츠가 필요했다.

또다른 출장길에 길담서원을 찾아갔다. 일본에서 가장 핫한 젊은 건축가인 고시마 유스케씨로부터 길담서원의 대표인 박성준 선생님을 소개받아 아주 더운 여름날에 그를 만나러 길담서원으로 향했다. 2014년의 박성준 선생님은 여름 감기로 많이 힘들어 보였지만, 인문 동아리 모임이 왜 필요한지 그리고 책방이 왜 그런 역할을 해야 하는지를 세 시간에 걸쳐 아주 열정적으로 알려주셨다. 선생님은 전문가의 이야기를 듣는 것뿐 아니라 무언가를 배운 뒤 다른 이들 앞에서 자신이 깨달은 것을 알려주는 일, 이것이 진정한 공부라고 하였다. 나는 그가 책방에서 구현한 '공부 모임'을 책거리에서도 유료로 진행할 실마리를 찾아나가기로 했다.

마침 선생님도 책방과 함께 출판사를 운영하고자 하셨기에, 먼저 출판사를 병행하고 있는 입장에서 나 역시 신나게 출판활동의 재미에 대해 말씀드렸다. 출판사와 책방을 동시에 운영하면 말입니다, 저자들을 훨씬 더 많이 만나게 됩니다. 다른 출판사의 저자가 우리 책방에 와 북토크를 하다가 우리와 인연이 맺어지거든요! …… 하지만 나와의 만남 후로 선생님은 몸이 많이 편찮아지셔서 책방에 직접 나오는 횟수가 크게 줄었다고 들었다. 그로부터 7년 후 길담서원은 잠시간의 공백기를 가졌다. 팬데믹 상황을 비롯해 여러 요인이 작용했으리라. 2022년 2월 25일, 첫 길담서원의 문을 열었던 그날로부터 14년 후인 그날, 길담서원은 충남 공주로 거처를 옮겨 제3의 시작을 맞이했다. 선생님은 출판사를 차렸을까. 문득 생각이 스칠 때마다 종종 인터넷 검색창에 '박성준'을 입력해보곤 한다.

책거리는 길담서원 박성준 선생님의 말에 큰 영향을 받아 오픈 당시부터 전문가의 이야기를 듣는 이벤트를 열고 있다. 다양한 분야의 사람을 모시고 책 하나를 기반으로 깊은 이야기를 청해 듣는다. 이야기를 듣는 것으로 끝내지 않고, 모두가 스스로 이야기하는 사람으로 거듭나는 자리를 만들었다. 한국에 여행을 다녀온 이에게 '3박 4일, 어떤 루트로 어떤 사람들을 만났으며 무엇을 먹었는지'를 듣는 토크 이벤트가 그중 하나다. 쿠온 스태프였던 스즈키 아야씨는 대형 가와사키 오토바이를 타는 라이더라, 동호인들과 한국에서 라이딩을 하고 온 경험을 바탕으로 오토바이 라이더들의 이야기를 들려주었다. 한국 그림책을 읽어온 멤버들은 한국의 그림책 계보를 상세하게 작성해왔다. 그림책을 좋아하지만 어떤 흐름으로 시작해야 할지 어려워하던 참가자들에게 그 자료는 큰 만족감을 선사했다.

한국처럼 일본 역시 개성 있는 동네책방들이 많이 늘고 있다. 이 책방에서 책방 주인은 취향이 가득 담긴 책들을 진열하고, 진열 방식은 그 책방의 방침 그리고 정체성을 보여준다. 최근에는 책방을 해보려는 친구들이 일본 구석구석을 돌며 책방 콘셉트를 벤치마킹하는 경우도 여럿 보았다. 서로가 서로의 선례가 되어주는 든든한 풍경이다. 책거리가 오픈한 지 1년이 채 안 되었던 시기에, 몇몇 젊은 분들이 찾아와 자문을 구하기도 했다. 어린 친구들이 다른 업종이 아닌 책을 선택했다는 것이 참으로 고마웠다. 한 발자국이라도 선배인 입장에서 그들이 보다 더 합리적으로 일해나갈 수 있는 환경을 만드는 데 도움이 되고 싶다. 혹 한국에서 일본 책을 취급해보려는 분들이 계시다면 기꺼이 다양한 채널을 통해, 합리적으로 책을 들여갈 수 있도록 여러 업체들을 주선하는 일도 당장 내가 할 수 있는 일이기도 하다.

책방으로 시작해 문화공간으로 길담서원을 진화시킨 박성준 선생님의 조언은 현재까지 10년째 책거리를 살찌워주고 있다. 우리는 앞으로의 10년, 책거리를 또 어떤 공간으로 탈바꿈할 수 있을까? 이제는 우리가 고민해야 할 지점이다.

책방지기로 사는 제2의 인생

 쿠온 출판사를 차린 뒤 여러 노하우를 얻고자 '출판사를 창업한 사람들' 모임의 회원이 되었다. 40년이 다 된 모임이라 초창기 멤버 중에는 칠십대, 팔십대인 분들도 있고 이미 2세 경영으로 삼십대, 사십대 멤버가 있는가 하면 나처럼 도중에 동참해 창업연수가 짧은 멤버도 있다. 그림책 출판사, 외국어 학습서 출판사, 각종 데이터를 디지털화해 서비스하는 출판사, 월급생활자 대상의 기획도서만 내는 출판사, 가정문제 전문 출판사, 법률도서 전문 출판사를 비롯해 다양한 출판사의 사장님들은 물론, 60년

이상 판권을 중개하고 있는 베테랑 여성도 회원으로 계신다. 두 달에 한 번씩 만나 각 회사의 근황과 고민들을 이야기하는 동업자들의 고해소 같은 모임이다.

그림책 출판사 사장이었던 요시 야스후미씨, 역시 출판사 사장을 지낸 다마코시 나오토씨도 이 모임에서 만났다. 두 분은 2023년, 70세가 된 것을 기념해 회사를 그만두고 어린이책 전문 책방인 미도리노유비緑のゆび를 차렸다. 녹푸른 손가락이라는 책방의 이름은 레지스탕스이기도 했던 프랑스의 작가 모리스 드뤼옹이 1957년에 쓴 동화책에서 따왔다(원제는 『치투의 초록색 엄지손가락Tistou Les Pouces Verts』이다). 엄지손가락을 대면 그곳에서 싹이 나고 꽃이 피는 신기한 일이 주인공에게 일어나는데, 아이는 교도소와 빈민가, 병원, 심지어 대포 속에 씨앗을 넣어 꽃을 피우기도 한다. 그 지점에서 알 수 있듯 반전을 노래하는 동화다. 칠십대 책방지기들이 굳이 이 책의 제목을 빌려와 책방 이름으로 쓴 의도를 두루 짐작해볼 수 있었다.

도쿄 기치조지. 도쿄사람들이 가장 살고 싶어하는 동네. 공원도 많고 조그마한 편집 숍들이 많은 곳이다. 상점들이 쭉 늘어선 어느 골목의 2023년 1월 5일, 새내기 책방 미도리노유비가 문을 활짝 열고 사람들을 맞이했다. 오픈을 맞이해 찾아간 그곳은 말 그대로 '문을 활짝 열고' 있었다. 추운 겨울날이지만 코로나로 인해 도쿄는 어느 가게나 문을 열어놓고 있었다. 8평 정도의 작은 책방은 진열대도, 테이블도 아이들 눈높이에 맞추었기에 제법 낮았다. 그러나 가구들은 모두 중후한 목재로 만들어져 묘하게 '어른의 서재' 같은 느낌을 주었다. 책장에는 같은 책을 여러 권 쌓아두지 않아 한 권 한 권 표지가 잘 보였다. 손님도, 책도 존중받는 책방이었다.

"70년을 살다보니 내가 앞으로 해야 할 일은 즐겁게 읽었던 책을 아이들에게 권하는 일이더군요."

늘 자신들이 읽은 책 이야기를 신나게 나누셨던 분들다운 이유다. 소설 『난장이가 쏘아올린 작은 공』을 읽고 조세희 작가가 살아 있는 동안 집필한 또다른 작품을 읽고 싶어졌다던 그들의 말이 기억난다. 한국사람들도 그의 죽음을 아쉬워한다고 덧붙여드렸었다.

나 또한 출판사와 에이전시를 운영하다 책방을 냈다. 다른 인생을 시작해야겠다, 는 굳은 결심보다는 비즈니스적인 접근이었다. 책이 출간되면 한 달 안에 작가를 초청해 북토크를 열 수 있는 공간이 필요했달까. 한국 작가를 도쿄로 초대할 수 있다면, 자연스럽게 미디어를 불러들여 작가와 책 소개도 가능해진다. 그러니 책방을 차리자! 다른 책방들과의 차별화를 위해 우리는 한국어 책을 파는 책방을 차리자!…… 책거리 탄생은 실은 이런 장삿속이었다. 하지만 변명하자면 '보다 널리 알리고 싶다'는 그 무엇보다 순수한 애정이 기저에 깔린 장삿속이다. 책방은, 사실 출판사든 출판에이전시든 책과 관련된 모든 일은, 이 즐거움을 느끼지 못하고는 이렇게 신나게 이어나갈 수가 없는 고된 일이기도 하다. 두 분을 보면 칠십대에도 계속 즐거움이 남아 있을 것만 같아 든든하다.

어느 날 또다시 두 분의 책방을 불쑥 방문했더니, 지난번에 아홉 살 손님이 혼자 책방에 와서 "좋은 책 있어요?" 하고 물었는데 바로 대답을 못한 것이 마음에 걸려 그다음 날부터 두 시간 일찍 책방에 나와 책을 읽으며 '오늘의 추천도서'를 정하는 시간을 갖고 있다는 이야기를 들었다. 두 어르신이 조용한 책방에서 성실하게 어린이책을 한 장 한 장 넘기는 풍경을 상상하니 마음 한구석이 풍요로워졌다.

그러니 여러분, 도쿄에 오시면 꼭 미도리노유비에 들러 보시기 바랍니다. "좋은 책 있나요" 하고 물어도 보시구요.

큰 그림을 그리는 현화씨

『동네책방 생존 탐구』를 쓴 한미화 작가가 도쿄에 왔다. 이 책은 한국의 독립서점 즉 동네책방들이 늘어난 계기를 시작으로, 누가 왜 어떻게 책방을 차리는지, 동네책방의 존재 이유는 무엇이며 책방으로 먹고살 수 있는지, 생존은 누구의 손에 달려 있는지 등 책방의 지속가능한 미래를 주제로 여러 책방 주인들의 목소리를 들려준다. 일본에 있는 많은 책방들 그리고 그 주인들이 쓴 책을 읽어온 나로서는, 이번에는 한국의 책방 이야기를 일본 독자들에게 들려주고 싶어 바로 판권을 계약했다. 그때가

2020년 8월로, 2022년 5월에 일본어판이 출간되었다.

일본어판 『동네책방 생존 탐구』는 번역본이지만, 일본의 유명한 '책방 작가'인 이시바시 다케후미씨의 코멘트가 본문 중간중간에 들어간다. 한국과 일본의 출판 정책은 비슷한 점도 많지만 다른 점들도 많아서, 코멘트 없이는 고개를 갸웃거리는 장면이 많을 것이라 판단했기 때문이다. 소설도 아닌 책에 의문을 단 채 페이지를 계속 넘기기란 여간 고역이 아니다. 이럴 때 각주는 아주 유용하다. 이 책을 번역출판하려고 마음먹었을 때 역주가 아주 많은 책이 되겠다고 생각하면서 계약했는데, 정작 번역을 마치고 나서 재미있는 발상이 떠올랐다. 책방 전문가인 이시바시씨가 직접 편집을 맡고, 책의 안내자-해설자 역할까지 해낸다면 금상첨화가 아니겠는가. 이 발상을 이시바시씨와 번역가 와타나베씨에게 슬쩍 말해보았더니 모두 흔쾌히 동의해주었다. 곧장 원서에 없는 글을 추가해도 될지 저자와 원 출판사에게 동의를 구하는 절차가 이어졌고, 다행히 양쪽 모두 아주 반가워하며 좋아해주었다. 특히 출판사 대표인 이현화씨가 생각했던 것보다 더 기뻐해주었다.

시간이 흘러 2024년 11월, 한미화 작가가 이번에는 도쿄의 여러 서점을 취재하러 온다기에 전작의 일본어판을 편집한 이시바시씨가 안내인 역할을 맡게 되었다. 나는 두 사람과 함께 진보초를 투어하고, 저녁에는 책거리에서 토크 이벤트를 열자는 제안을 보냈다.

한미화 작가는 진보초 투어에 앞서 오기쿠보에 있는 서점 타이틀 本屋 Title에 다녀왔다고 말했다. 서점 사진을 찍고 싶어 점주에게 명함을 건네며 인사했더니 쓰지야마씨가 그녀를 바로 알아보고, 심지어 책장에 있는 일본어판 『동네책방 생존 탐구』를 보여주며 반가워했다고. 그곳에 이 책이 아직 있었구나. 쓰지야마씨, 고마워요!

한미화 작가의 이번 도쿄 방문에는 이현화 대표도 동행했다. 책이 나오고 2년이 흘러서야 나는 이현화 대표가 이시바시씨의 코멘트 참여에 그렇게나 기뻐한 이유를 알게 되었다.

이시바시씨가 2011년에 출간한 『서점은 죽지 않는다』는 2013년에 한국에서 번역되었다. 이 책은 일본 각지의 동네서점을 순회한 기록문학으로, 동네서점 사람들이 독자에게 책 한 권을 전하고자 고민하고 애쓰는 과정이 고

스란히 담겨 있다. 더 나아가 저자는 서점 운영과 출판유통이 '팔리는 책' 위주의 매출지상주의로 치닫는 현실을 비판하고, 서점을 운영하는 사람들은 서로 다른 배경 속에서 살아가지만 '독자가 원하는 책을 전달한다'는 점에서 서점의 위상과 소중함은 똑같다는 사실을 몸소 보여준다. 상품이자 문화재이기도 한 책을 팔기 위해 수많은 책을 읽으며 지역사회와 함께 호흡하려는 서점인의 모습은 서점의 '오래된 미래'를 상기시킨다. 우리는 책과 독자의 소통을 위해 땀흘리는 서점인들의 모습을 통해, 서점이란 책이라는 불가해한 힘을 가진 공공재를 다루는 장인들의 무대임을 알 수 있다.

2013년 이현화 대표는 『서점은 죽지 않는다』를 읽고, 한국 버전의 『서점은 죽지 않는다』를 기획했다고 한다. 한국 서점인들의 이야기를 써줄 저자를 찾아내 탄생한 것이 『동네책방 생존 탐구』였다고. 책 한 권이 만들어낸, 나아가 열정 가득한 저자와 출판사 대표가 함께 만든 세계를 보며 나는 책방의 세계와 책의 세계가 하나의 원을 그리며 이어지는 것을 확실하게 경험했다. 책은 언제까지나 책방을 살릴 것이고, 책방은 또다른 책을 살릴 것이다.

책 말고도 볼 것이 참으로 많아진 세상이다. 한국 출판인들은 '업계 사람들 말만 들으면 단군 이래 출판계가 흥했던 적이 한 번도 없다'라는 자조 섞인 농담을 주고받지만 종이책은 여전히 제자리를 그 무엇에게도 내주지 않고 있다. 책만이 보여줄 수 있는 세상이 확고하다는 뜻이다. 책방은 사람들을 그 세상으로 안내하는 문지기들이다. 책이 살아 있는 한 책방은 죽지 않는다.

에필로그

책거리는 잘 있습니까

　책방이자 카페였던 초창기의 책거리를 막 시작했을 무렵, 차를 마시는 카페용 테이블 위에 방명록 노트를 비치해두었다. 파주 지지향에서 사온 500페이지가 넘는 노트였다. 방문 후기를 받겠다는 목적보다는 사실 손님과의 커뮤니케이션 수단으로써 올려둔 것이었다. "괜찮으시면 여기에 한마디 써주세요"라고 자연스럽게 말을 걸 계기가 필요했다. 잘 모르는 사람에게 말 걸기란 나처럼 외향적인 사람에게도 쉬운 일은 아니다.

　그렇게 놓인 방명록에 사람들은 기꺼이 자신의 발자국

을 남겼다. '아무개, 책거리에 다녀가다'라는 한 줄짜리부터 자기가 얼마나 책거리에 와보고 싶었는지 절절하게 그 마음을 고백한 이도 있다. 좋아하는 한국 아이돌의 그림을 정성껏 그린 이도 있다. 지금은 돌아가신 지명관 선생님은 한 페이지 가득 "좋은 세상을 만들어가는 것 같아 정말 좋다"고 쓰셨다. 한국에 가면 어디어디를 가보고 싶다는 이야기, 다음 달에 한국으로 유학 가는데 미리 책거리에 와서 워밍업 하고 있다는 등 일본 독자들의 메시지가 주를 이루지만 한국에서 여행 오신 분들이 남긴 메시지도 많다. 한국에서 오신 분들의 공통점은 다들 우리에게 '장하다'고 표현한다는 점이다. 책방 일이 장한 일이구나. 하루가 많이 고된 날에는 이 방명록을 가끔 펼쳐보고 홀로 답글도 달면서 힘을 얻었다.

책거리 10주년을 맞이하는 2025년이 되었다. 무언가 재미난 것을 해보아야 하지 않을까. 모두가 머리를 맞대어 아이디어를 냈다. 진지한 회의를 열기도 했지만, 각자 일하다 재미난 것이 생각나면 즉흥으로 스탠딩 토크를 여는 방식으로 의견을 모으곤 했다. 10주년을 기념해 책거리 오리지널 굿즈를 여러 종 만들자, 오픈 기념일이 있는 7월 한 달 내내 토크 이벤트를 열자, 한국에 있는 책방들 가운데 책거리와 인연이 있는 책방들을 '책거리의 친구들'이라고 이름 붙여 소개 책자를 만들어보자, 책거리 손님들을 인터뷰해 동영상을 올리자, 우리 출판사에서 책이 나온 저자들, 번역가들을 인터뷰해서 책자를 만들자…… 아이디어가 넘쳤다.

우리도 여느 조직들과 같이 말을 꺼낸 사람이 실행까지 맡는다. 책거리 에코백을 만들겠다는 지영씨는 친구 결혼식 참석차 서울에 들른 김에 을지로까지 방문해 재질이며 물품 등 두루두루 결정하고 온 모양이었다. 일러스트 작가인 임진아씨는 어디에든 써도 된다며 책거리를 위한 귀여운 일러스트를 선물해주셨다. 사사키씨는 우리의 소중한 인연 고이즈미 교코씨를 섭외해왔다. 나와 리애씨는 한방차를 한국에서 들여와 '독서인을 위한 한방차'라는 이름으로 방문객들에게 선물하기로 했다. "어쩌면 한방차 회사를 새로 차릴 정도로 잘될 수 있어요"라는 내 말에 "우선 책거리에서 진행해보고 생각합시다"라는 즉답이 돌아왔다. 일 벌이기 좋아하는 대표를 둔 사람들답게 모두 나의 설레발에 한 치의 동요도 하지 않았다.

서울 출장길에서도 아이디어 회의는 계속되었다. 어느 출판마케터로부터 "책거리 초기 손님들은 지금도 책거리에 오나요?"라는 질문을 받았다. 당장에 몇몇 떠오르는 얼굴들이 있었다. 책거리가 무사히 10년을 맞이할 수 있는 것은 초창기 손님들 덕이다. 그래, 손님들에게 감사하는 이벤트도 있어야겠구나.

그러다 10년 전부터 손님들이 책거리에 남긴 메시지가 있다는 것을 떠올렸다. 그 두껍고 두꺼운 방명록. 방명록에 글을 남긴 손님들을 찾아보고 싶어졌다. '이 사람을 찾습니다' 프로젝트를 해보자. 책거리 SNS에 방명록의 메시지를 일부 공개하고 작성자를 찾아보면 어떨까?

도쿄에 돌아와 또다시 진행된 스탠딩 토크 시간에 '이 사람을 찾습니다' 프로젝트 이야기를 꺼냈다. 그러자 언제나 신중한 이토씨가 곧바로 "방명록이라서 쓴 글일 수 있는데 인터넷에 함부로 공개하는 것은 자신이라면 원하지 않을 것"이라고 피드백했다. 아이고, 그런 문제가 있구나. 이걸 어쩌나, 내 마음은 이미 꼭 하고 싶다는 쪽으로

170도는 기울어져 있는걸. 그러자 이름 부분을 살짝 가려 익명으로 공개하는 안을 시미즈씨가 제안해주었다. 아, 그러면 되겠네!

 책거리를 찾아주고 또 찾아와줄 손님들을 떠올리며 이것도 저것도 준비하고, 그 외에도 해보고 싶은 여러 아이디어들을 들여다보면서 결국 이번 이벤트의 핵심은 '감사한 마음을 전하고 싶다'는 것임을 알게 되었다.
 책과 관련된 것에는 고마움뿐이다. 내게 아름다운 세계를 알려준 책에게 고맙고, 책의 세계를 여러 사람들과 함께 만들 수 있어 고맙고, 그렇게 만들어진 책을 당신들에게 전할 수 있어 고맙다. 이 책의 마지막 페이지를 빌려 인사를 남긴다.

 "정말 감사합니다."

결국 다 좋아서 하는 거잖아요
이곳은 도쿄의 유일한 한국어 책방

1판 1쇄 2025년 7월 7일
1판 2쇄 2025년 8월 8일

글 김승복

책임편집 변규미
편집 오예림
디자인 최정윤
마케팅 김도윤
브랜딩 함유지 박민재 이송이 박다솔 조다현 김하연 이준희 복다은
제작 강신은 김동욱 이순호

펴낸이 이병률
펴낸곳 달 출판사
출판등록 2009년 5월 26일 제406-2009-000034호
주소 10881 경기도 파주시 회동길 455-3
이메일 dal@munhak.com
SNS dalpublishers
전화번호 031-8071-8683(편집) 031-8071-8681(마케팅)
팩스 031-8071-8672

ISBN 979-11-5816-195-8 (03810)

이 책의 판권은 지은이와 달에 있습니다.
이 책 내용의 전부 또는 일부를 재사용하려면 반드시 양측의 서면 동의를 받아야 합니다.
달은 ㈜문학동네의 계열사입니다.